Mentaltraining im Sport

Herausgeber: Oliver Stoll & Heiko Ziemainz

ISSN 1866-3346

Band 6

Kathrin Seufert, Oliver Stoll & Heiko Ziemainz

Mentaltraining im Schwimmen

Ein Handbuch für Praktiker

1. Auflage

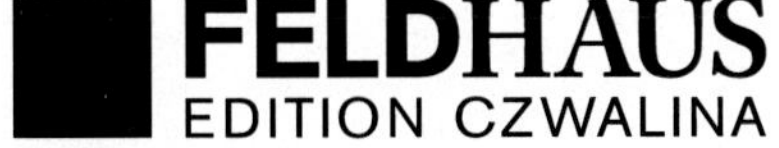

ISBN 978-3-88020-696-0

FELDHAUS VERLAG GmbH & Co. KG
Postfach 73 02 40
22122 Hamburg
Telefon +49 40 679430-0
Fax +49 40 67943030
post@feldhaus-verlag.de
www.feldhaus-verlag.de

Druck und Verarbeitung: WERTDRUCK, Hamburg

Bibliografische Information der Deutschen Nationalbibliothek
Die Deutsche Nationalbibliothek verzeichnet diese Publikation in der Deutschen Nationalbibliografie; detaillierte bibliografische Daten sind im Internet über http://dnb.d-nb.de abrufbar.

Inhaltsverzeichnis

Einführung

Sportler[1] wollen alles geben, um ihr bestmögliche Leistung im Wettkampf abrufen zu können. Sie feilen hier am Training, steuern da ihre Ernährung und versuchen über Ärzte und Physiotherapeuten in einen perfekten Zustand zu geraten. Was immer noch Potential hat, sind die mentalen Prozesse und das Training der Psyche.

Das erste wichtige hierbei ist: dies gilt nicht nur für Leistungsschwimmer und Athleten der Nationalmannschaft. Dieses gilt für den Weltmeister genauso, wie für den ambitionierten Breitensportler, den Masters Schwimmer und den Jugendlichen, der vielleicht mal in den Leistungssport eintauchen möchte. Die Sportpsychologie und die Möglichkeiten, die diese bieten kann, sind so breit gefächert und individuell einsetzbar, dass für jeden was dabei sein kann. Es geht neben einer Leistungsoptimierung aber auch ein Stück weit um die psychische Gesundheit, die ein Sportler nicht aus den Augen verlieren sollte.

Viele der Schwimm-Topathleten in Deutschland nutzen bereits die Unterstützung von sportpsychologischen Tools und mentalem Training. In diesem Buch sollen nach und nach Möglichkeiten verständlich gemacht werden, was im Schwimmen mental alles möglich ist.

Das Wichtigste ist, dass jeder Schwimmer für sich ganz individuell schauen muss, welche der Möglichkeiten für sie/ihn die Beste und Erfolgreichste ist. Das findet man nur heraus, in dem man es ausprobiert und sich danach kritisch hinterfragt und in sich hereinhört. Setzt Euch also ganz bewusst mit dem jeweiligen Thema auseinander, seid offen für die Möglichkeiten und entscheidet nachher ganz bewusst, welche Option EURE Option ist. Ihr kennt euch selbst am besten.

Doch muss eins von Anfang an klar sein: Mentale Trainingsverfahren müssen kontinuierlich und zielgerichtet trainiert werden!

Keiner dieser Prozesse funktioniert von heute auf morgen. Es bedarf eines regelmäßigen und konzentrierten Trainings. Genau wie das Krafttraining, das Ausdauertraining, das Techniktraining, unter Umständen das Taktiktraining, das Stehvermögen, das Schnelligkeitstraining muss das Training mentaler Prozesse regelmäßig wiederholt und eingeübt werden. Erst wenn sich die sportpsychologischen Tools im und durch Training gefestigt haben und funktionieren, ist eine Übertragung auf das Wettkampfgeschehen sinnvoll. Ihr fangt ja auch nicht bei einer Technikumstellung an, diese im Wettkampf einzusetzen, sondern passt sie im Training bei gemäßigter Geschwindigkeit an, bevor ihr sie in die Wettkampfgeschwindigkeit übertragen könnt.

1 Wir weisen darauf hin, dass im Folgenden aus Gründen der besseren Lesbarkeit bei Personenbezeichnungen und personenbezogenen Hauptwörtern die männliche Form verwendet wird. Entsprechende Begriffe gelten im Sinne der Gleichbehandlung selbstverständlich auch für alle anderen Geschlechter und sind lediglich ein redaktioneller Grund ohne eine Wertung.

Schwimmer haben ein sehr gutes Gefühl für sich, das Wasser und ihren Körper. Ohne das passende Wassergefühl und den Abdruck am Wasser, wäre ein schnelles Schwimmen gar nicht möglich. Und genau so, wie Ihr als Schwimmer probiert, das Wasser optimal zu greifen und die für Euch perfekte Lage zu finden, so ist es auch mit den sportpsychologischen Möglichkeiten. Fühlt Euch rein, probiert es aus und nutzt dann das, welches Euch den maximalen Vortrieb bringt.

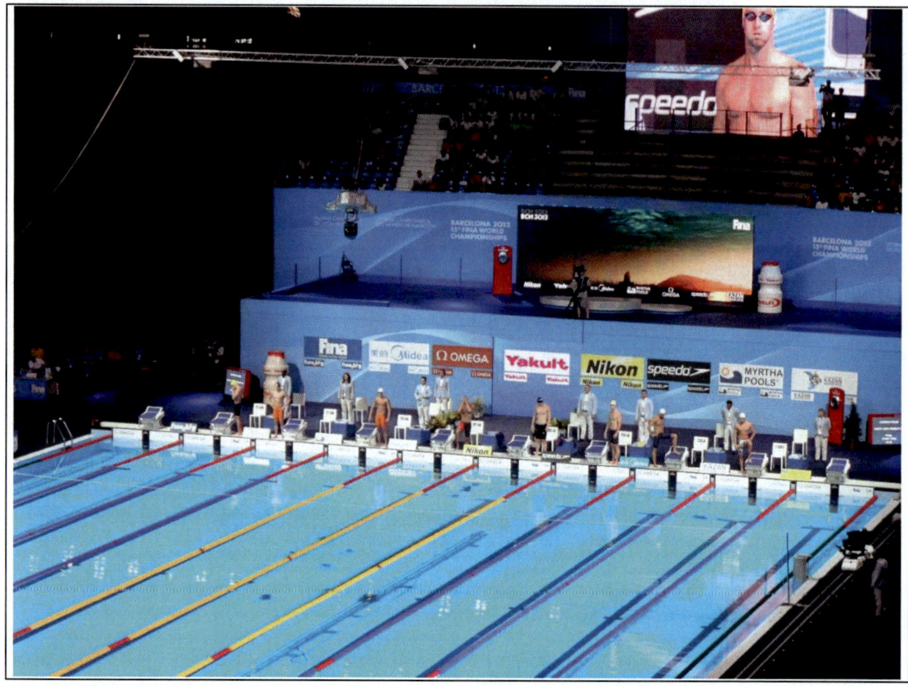

Bild 1. Gleich wird schnell geschwommen – hoffentlich passt das Wassergefühl und der Abdruck. (© Privat)

1 Das Anforderungsprofil im Schwimmen unter besonderer Berücksichtigung sportpsychologischer Aspekte

Ich bin Schwimmer. Ein Kachelzähler. Harte Arbeit im Wasser und an Land. Hin und her im Becken. Egal ob früh morgens, spät abends, am Wochenende oder am Feiertag. Ein Schwimmer ist oft in seinem Element Wasser. Leistungssportler haben etwa 8-12 Trainingseinheiten im Wasser und etwa 3-5 Landeinheiten auf dem Wochenplan. Damit gehört das Schwimmen sicherlich zu einer der trainingsintensivsten Sportarten. Schwimmer sind positiv verrückt, das hört man oft genug. Doch was macht einen Schwimmer eigentlich aus? Und was sind auf die Sportpsychologie bezogen die wichtigsten Aspekte für einen Schwimmsportler.
Ist ein Schwimmer vom Typ Michael Phelps, das Optimum? Große Hände, große Füße, riesige Spannweite. Oder sind es gar nicht die körperlichen Voraussetzungen, sondern eher die Wasserlage und/oder das Wassergefühl?
Gibt es womöglich Spezifikationen bezüglich der verschiedenen Disziplinen und Streckenlängen? Benötigt man als Sprinter andere Voraussetzungen im Vergleich zum Langstreckenschwimmer? Und was unterscheidet die Becken- von den Freiwasserschwimmern.

Um diesen Fragen nachzugehen, setzen wir bei denen an, die es bis nach ganz oben geschafft haben und erfolgreich im Schwimmen waren bzw. sind.
Den Experten wurde die Frage gestellt welche Fähigkeiten, Fertigkeiten und Eigenschaften ein Schwimmer mitbringen sollte. Vorneweg muss erwähnt werden, dass Begrifflichkeiten von den einzelnen Personen durchaus unterschiedlich verstanden bzw. definiert werden. Wir haben in der Darstellung versucht einen Weg zu finden die Kernaussagen der Befragten möglichst interviewgetreu darzustellen und wo es uns notwendig erschien durch zusätzliche Infos zu ergänzen/verständlicher zu machen.

Die Sicht der Athleten

Zu Beginn schauen wir uns an, was Dorothea Brandt dazu gesagt hat. Die heute 36-Jährige war Kurzbahn-Europameisterin, Bronzemedaillengewinnerin bei der Kurzbahn-WM 2014 und nahm an den Olympischen Spielen in Athen (2004) und Rio de Janeiro (2016) teil. Von 2010 bis 2017 war sie Athletensprecherin des Deutschen Schwimm-Verbandes und hat dabei die Interessen der Schwimmerinnen und Schwimmer vertreten.
Beginnend mit den physischen Eigenschaften beschreibt sie eine mittlere bis hohe Körpergröße und bestenfalls lange Gliedmaßen als wichtige anthropometrische Eigenschaften. Weiter sagt sie, ist ein optimales Kraft-Last-Verhältnis elementar, eine hohe Belastbarkeit unabdingbar und eine geringere Verletzungsanfälligkeit Basis des Erfolges. Und nicht zuletzt ist ein Körpergefühl für die ehemalige Athletin ein wichtiger Faktor im physischen Bereich.

Darüber hinaus sieht Brandt das Verständnis für die Sinnhaftigkeit der verschiedenen Bewegungsabläufe als eine erfolgsbringende Eigenschaft.
Die Eigenschaft Fehler einsehen zu können, kritikfähig zu sein, sowie über Neugier und Wissbegierde zu verfügen, sind ihrer Meinung nach, weitere wichtige Faktoren. Der Faktor niemals „satt" zu sein ist ebenso wie Eloquenz für Brandt eine entscheidende Eigenschaft.
Über die psychischen Anforderungen an einen erfolgreichen Schwimmer sagt die Sportlerin, dass für den Erfolg eine grundständige allgemeine Belastbarkeit von Nöten ist, wie die Fähigkeit zur Selbstreflektion. Darüber hinaus sollten ihrer Meinung nach, ein innerer Antrieb zur persönlichen Entwicklung und ein „Killerinstinkt" vorhanden sein. Abschließend ist für Sie die Resilienz ein Bereich, der einen Schwimmer erfolgreich machen kann.

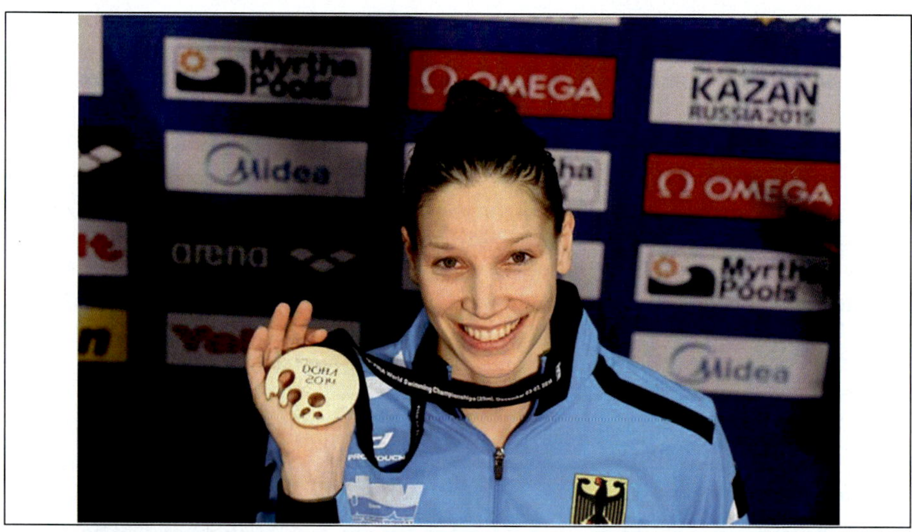

Bild 2. Dorothea Brandt. (© Peter Jacob, swim.de)

Sich ebenfalls zur Verfügung gestellt hat sich Damian Wierling. Der 25-jährige deutsche Rekordhalter über 50 m Freistil und Bronzemedaillengewinner der EM 2018 nahm an den Olympischen Spielen 2016 teil und hat sich erneut für die Olympischen Spiele 2021 in Tokio qualifiziert. Seines Erachtens, ist der Ehrgeiz eines Schwimmers eine der prägnantesten Eigenschaften, die benötigt werden. Er sagt weiter, dass ein ständiger Wille besser und vielleicht auch mal etwas „giftig" zu sein wichtig ist, auch wenn das zu Spannungen in der Trainingsgruppe führen kann. Es ist für den jungen Essener jedoch essentiell, da genau dies dabei hilft, wenn es darum geht, über Wochen und Monate oder sogar Jahre auf ein Ziel hinzuarbeiten. Nur mit dem passenden Ehrgeiz, so sagt er, ist es möglich auch Tage, an denen die Motivation mal nicht so vorhanden ist, durchzustehen und sich doch zu „pushen".

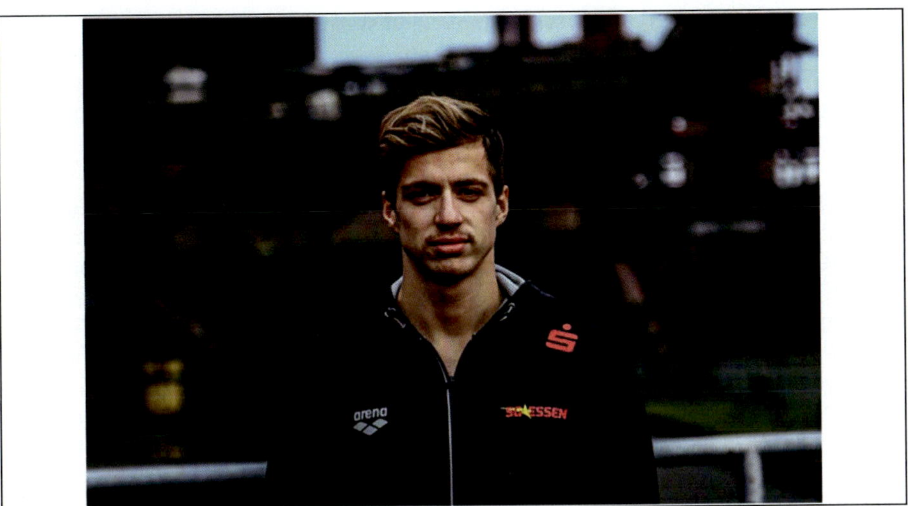

Bild 3. Damian Wierling. (© Marcel Friedrich)

Neben dem Ehrgeiz nennt Wierling ein hohes Maß an Disziplin als unabdingbar. Vor allem mit fortschreitendem Alter eines Athleten sieht er Disziplin als wichtigen Faktor, wegen den damit einhergehenden neuen und anderen Herausforderungen im Alltag (Schule, Studium & Beruf; Partnerschaft, Interessen etc.). Die sich so ergebenden Ablenkungen und Reize fordern die Disziplin eines Athleten in besonderer Art und Weise. Ebenso verhält es sich in Sachen Ernährung. Der Auszug aus dem Elternhaus und die Verantwortung für eine gesunde Ernährung in Kombination mit möglichen Nahrungsergänzungsmitteln liegen dann allein in der Hand des Athleten und können damit zum Risiko werden und u. U. zu ungewollter Gewichtszunahme führen, so Wierling. Das Schöne am Schwimmen jedoch ist, dass man über die Zeit gemessen wird. Dies bedeutet, man kann über den Kampfgeist und Willen sein eigenes Limit immer wieder weiter nach unten drücken und selbst, wenn es hart ist und der ganze Körper brennt und eigentlich nicht mehr will, sich selbst besiegen, in dem man sich durchbeißt, statt den einfachen Weg zu gehen und aus der Situation rauszugehen oder die Belastung zu beenden. Der technische Anspruch eines Schwimmers ist genauso wie der koordinative sehr hoch. Es bedarf hierbei einem stetigen Fokus und einem hohen Maß an Konzentration, das Niveau während des Trainings hochzuhalten und nicht aus Gemütlichkeit „locker zu lassen“. Aber so mahnt der deutsche Rekordhalter, darf bei all dem Fokus und der Konzentration am Wettkampftag die Lockerheit nicht fehlen. Neben all dem Siegeswillen und Zielen passiere es Athleten zu oft, sich psychisch zu verkrampfen und die Rennen nicht so zu bestreiten, dass auch die letzten Meter gut geschwommen werden können. Das Verkrampfen führt dann dazu, dass die letzten Meter der für Schwimmer berühmte „Mann mit dem Hammer“ kommt und man gefühlt im Wasser stehen bleibt. Für ihn ist es wichtig, nach all den

Wochen des Trainings und der Wettkämpfe sich stetig selbst nüchtern zu betrachten und sich die nötige Selbstkritik zu „verpassen“, wenn die Dinge nicht so liefen, wie sie es hätten sollen. Besonders eben auch dann, so Wierling weiter, wenn es darum geht den Teil der Sportlerkarriere zu beleuchten, der in den Bereich der Selbstverantwortung fällt, wie der Schlaf oder die Ernährung.

Ein weiterer Sportler (möchte namentlich nicht genannt werden) der auf nationalem Niveau schwimmt, bezeichnet als erforderliche physische Stärke unter anderem die Fähigkeit den Schmerz beim Training auszuhalten und dieses dann im Wettkampf als Stärke ausspielen zu können. Für ihn ist die gute Balance zwischen starken Muskeln, guter Technik und Mobilität entscheidend. Weiterhin wichtig für diesen Athleten sind die Fertigkeiten, die Techniken des Krafttrainings ebenso wie die Schwimmtechnik sowohl bei langsamen wie auch bei schnellen Bewegungsausführungen im Wasser und an Land umsetzten zu können. Er bezeichnet erfolgreiche Schwimmer als diejenigen, die technisch am besten ausgereift sind und dies jeden Tag konstant abrufen können. Wenn es um dem „Kopf“ eines Schwimmers geht, so ist für ihn der Umgang mit Druck ebenso wichtig, wie das Lernen aus Niederlagen und einer stetigen Motivation bei jedem Training an jedem Tag über eine lange Saison hinaus. Neben all diesen Fähigkeiten sind es aber in seinen Augen noch weitere Dinge, die einen Sportler auszeichnen und eben den Unterschied machen können. Hierzu zählen die Ernährung, die Erholung, das Abschalten können vom Sport (denn es dreht sich nicht nur um das Schwimmen) und eine gute Balance zwischen Schwimmen und Zeit mit Familie und Freunden.

Andreas Waschburger, der 34-jährige Saarbrücker, ist Freiwasserschwimmer und Teil der Deutschen Nationalmannschaft. Zu seinen bisherigen Erfolgen kann er mehrere Medaillen auf Europameisterschaften sowie die Teilnahme an Olympischen Spielen verbuchen und startet über die 5 und 10 km bei vielen Weltcups rund um den Globus.
Auf Nachfrage, seiner Meinung zum Anforderungsprofil eines Schwimmers im Allgemeinen, gab Waschburger zum Thema psychologische Faktoren an, dass mentale Stärke, Ehrgeiz, positives Denken und die Fähigkeit sich selbst fordern zu können zu den für Ihn wichtigsten Faktoren gehören. Daneben sind für den erfahrenen Athleten die Zielstrebigkeit für kurzfristige, aber auch langfristige Ziele im täglichen Training und den Wettkämpfen elementar. Neben der Zielsetzung sind für ihn der Einbau von Rückschlagprophylaxen und der Umgang mit Rückschlägen unabdingbar. Für ihn gehören Niederlagen zum Erfolg und diese sollten schnell durch neue Motivation ersetzt werden und in der Nachbereitung muss aus den Fehlern gelernt werden. Ist der Erfolg eingetreten, soll dieser aber auch in vollen Zügen genossen werden und darauf aufgebaut werden. Daneben sind für Waschburger im technisch/physischen Bereich die Wasserlage, ausgeprägte motorische Fähigkeiten, Kraft und Beweglichkeit von hoher Bedeutung. Vor allem die Fähigkeit Technikvorgaben schnell und präzise

umsetzen zu können ist dabei von Bedeutung. Er setzt dabei auf eine gute und vertrauensvolle Zusammenarbeit mit dem Trainer. Für ihn soll das Verhältnis zwischen Trainer und Athlet auf einer Ebene und von einem respektvollen Umgang geprägt sein. Eine sachliche und fachliche Analyse der Trainings- und Wettkampfergebnisse mit dem Trainer gehört für den Langstreckenspezialist genauso dazu, wie eine professionelle Unterstützung beim Krafttraining. Die Begleitung und Ausformulierung des Krafttrainingsplans überlässt er dem Athletiktrainer. Darüber hinaus nutzt er die Zusammenarbeit mit einem Physiotherapeuten für ein besseres Regenerationsmanagement und vor allem in puncto Verletzungsprophylaxe. Auch in Sachen Sportpsychologie und Ernährung setzt der Freiwasserschwimmer auf professionelle Unterstützung und nimmt somit in sein System weitere Personen hinzu, die aus ihm das maximale herausholen können.

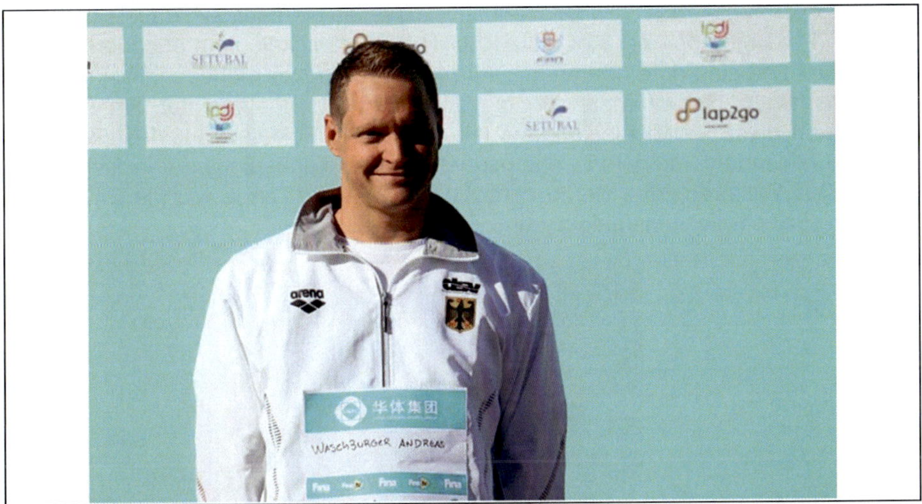

Bild 4. Andreas Waschburger (© Colin Hill).

Insgesamt sind für Waschburger Eigenschaften wie Disziplin, Pünktlichkeit, Teamfähigkeit und Freude am Sport elementar. Für ihn ist das Umfeld ebenso ein wichtiger Aspekt eines Leistungssportlers. Zum einen zählt er hierzu die Schule bzw. das Studium. Wenn möglich, sollte seiner Meinung nach, eine Schule, eine Universität oder eine Ausbildung gewählt werden, die eine duale Karriereplanung (Sport/Beruf) ermöglicht. Er selbst hat eine Ausbildung bei der Landespolizei des Saarlandes absolviert und dort eine Spitzensportförderung erhalten, sodass die Ausbildung mit dem Schwimmsport gut kombinierbar war. Zum anderen ist für Waschburger das private Umfeld ein wichtiger Baustein. Wünschenswert für ihn ist eine Familie, die hinter dem Sportler steht, aber nicht verkrampft den Erfolg verlangt. Sie sollten den Sportler nach seinen Wünschen unterstützen, aber in den Prozess nicht eingreifen, dafür hat der Athlet seine Experten. Ein Freundeskreis, der versteht, was es heißt Leistungssport zu betreiben und damit auch die Entbehrungen und zeitlichen Einschränkungen nachvollziehen kann, runden das perfekte private Umfeld für Waschburger ab.

Die Sicht der Physiotherapeuten

Was sagt denn eigentlich jemand der die Athleten immer vor sich auf der Bank liegen hat und dadurch auch viel erzählt bekommt? Dazu wurde die Sportphysiotherapeutin der Deutschen Nationalmannschaft im Schwimmen Frederike Hardinghaus befragt, was sie glaubt, welche Fertigkeiten, Fähigkeiten und Eigenschaften für einen erfolgreichen Schwimmer von Bedeutung sind.
Sie zählt zu dem physischen Bereich eine schnelle Reaktionsfähigkeit sowie eine gute und bestenfalls schnelle Regenerationsfähigkeit. Ebenso bezeichnet Hardinghaus ein optimales Kraft-/Gewichtsverhältnis als einen elementaren Baustein. Weiter zählt die Physiotherapeutin eine gute Koordinationsfähigkeit, eine ausgeprägte Beweglichkeit und eine gute neuromuskuläre Ansteuerung zu wichtigen Bestandteilen eines „perfekten" Schwimmers. Mentale Stärke ist für sie elementar. Hardinghaus differenziert diese weiter als Umgang mit Nervosität, Fokussierungsfähigkeit, Umgang mit Misserfolg, mit dem Leistungsdruck und eine unbedingte intrinsische Motivation. Des Weiteren zählt sie zu den übrigen Faktoren Dinge wie die Ernährung, Disziplin, Selbstreflektionsfähigkeit und Trainingsfleiß.

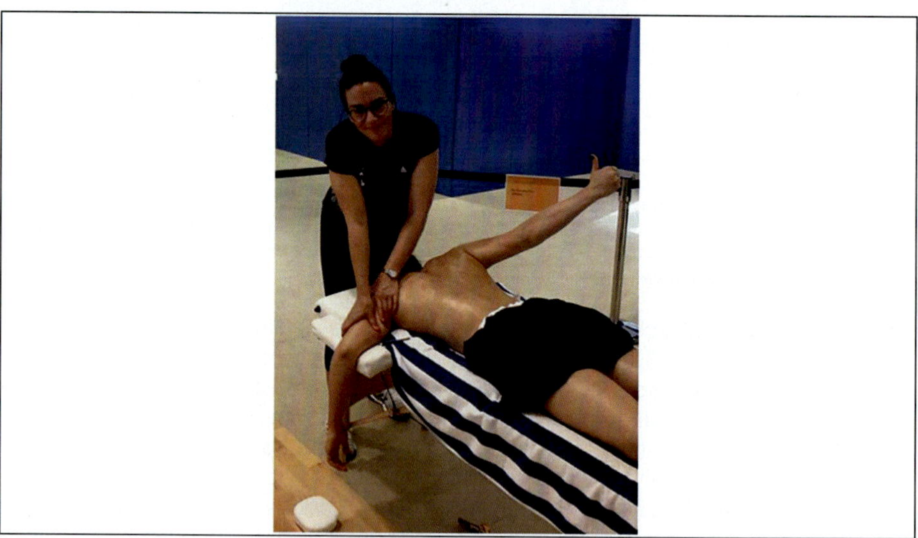

Bild 5. Physiotherapeutin Frederike Hardinghaus. (© Privat)

Und was sagen eigentlich die, die solche Spitzensportler formen wollen und die Auswahl treffen? Hierzu konnten wir die Meinungen von Hannes Vitense (Team-Coach) aus dem aktuellen Bundestrainerduos mit Bernd Berkhahn (Team-Chef) und ihrem Vorgänger Henning Lambertz einholen.

Die Sicht der Trainer

Hannes Vitense ist ein Allrounder, nach seiner Tätigkeit bei den Freiwasserathleten und Triathleten, kam er über die Stationen Heidelberg und Neckarsulm in den Rang des Bundestrainers. Für ihn ist es nicht so einfach, mal eben einen perfekten Schwimmer zu beschreiben. Beginnend mit dem Physischen, sagt der Team-Coach des Deutschen Schwimm-Verbandes (DSV), ist das schon nicht pauschalisierbar. Für ihn ist, in Anlehnung an Bodo Ungerechts (Ungerechts, 1986), der Begriff der Wasserbewegungswahrnehmung elementar. Diese Fähigkeit ist für Vitense eine der Schlüsselfunktionen. Aber er sagt auch, dass grundsätzlich viele Eigenschaften ausreichen und unterschiedliche physische Voraussetzungen zu Erfolg führen können. Den Vergleich, den er dabei anstellt, sind die beiden Top-Sprinter Anthony Ervin und Florent Manaudou. Allein der Vergleich des Körperbaus zeigt, dass ein Olympiasieger nicht an seiner Statur ausgemacht werden kann. Der Amerikaner Ervin, der mit seinen 192 cm und 80 kg sehr athletisch wirkt, konnte 2000 und 2016 jeweils Gold über die 50 m Freistil bei den Olympischen Spielen einfahren. Sein ewiger Rivale Florent Manaudou stand 2012 ganz oben auf dem Treppchen nach dem Olympischen 50 m-Freistil-Finale und musste sich 2016 eben diesem Ervin geschlagen geben. Physisch sprechen wir bei dem Franzosen von knapp 2 m Körpergröße und 100 kg Gewicht. Er ist also der deutlich „bulligere“ Athlet. Und auch von den Schwimmstilen sind wahnsinnige Unterschiede zu sehen. Und doch sind beide sehr erfolgreich. Weitere physische Eigenschaften, die ein erfolgreicher Schwimmer haben sollte, sind eine hohe Wasserlage, Kraft, ein gutes Wassergefühl und eine gute Wasserverdrängung, die so ergonomisch wie möglich ist. Auf der technischen Ebene sieht Hannes Vitense vor allem die Fähigkeit motorische Dinge zu verbinden und zu kombinieren. Schwimmen ist nun mal eine Kombination aus Arm- und Beinbewegungen, die mit dem Rumpf im bestmöglichen Einklang stehen müssen. Daher sind eine stimmige Gesamtkoordination und die Vernetzung aller Muskelschlingen für den deutschen Team-Coach unabdingbar. Doch gibt er auch zu bedenken, dass ein Körper sich stetig verändert. Und diese Veränderungen müssen über die verschiedenen Hebelwirkungen auch entsprechend fortlaufend mit „wachsen“. Eine weitere zentrale Eigenschaft, ist seiner Meinung nach, das Lernen aus Fehlern und die Vorstellungskraft von Zielen. Hierbei ist es für Vitense wichtig, seine eigenen Fähigkeiten und Fertigkeiten mit der Zielsetzung auch verbinden zu können.

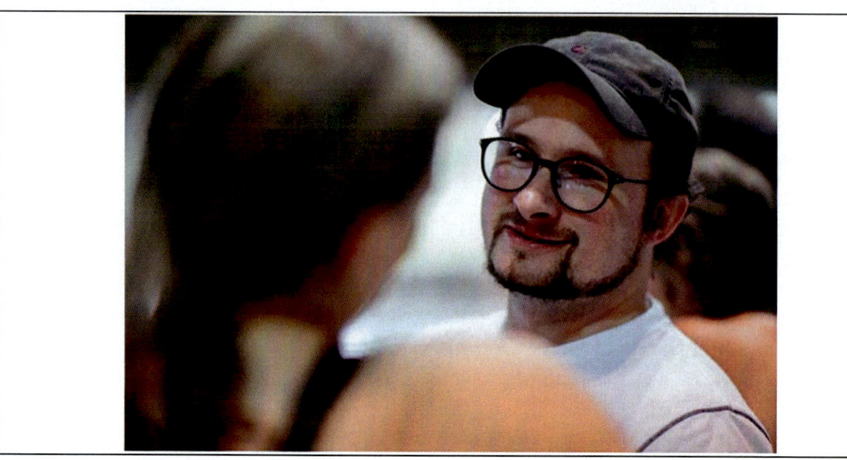

Bild 6. Bundestrainer Hannes Vitense. (© JoKleindl, Sportsphotography)

Wenn es um das Gesamtsystem des Athleten geht, ist es nach Meinung vom Team-Coach wichtig, dass der Schwimmer mit diesem System verschmilzt und dem eigenen Umfeld Vertrauen schenkt, um eine bestmögliche Leistung zu generieren. Ebenso zählen für ihn hierbei der aktive Austausch und eine positive Trainer-Athleten-Interaktion. Für den Schwimmer persönlich wäre aus Vitense's Sicht vor allem der Umgang mit Druck und Ängsten elementar. Daneben geht es für ihn vor allem darum, den Athleten dazu zu bringen, die Fähigkeit zu entwickeln oder zu stärken, zu wissen was gut für einen ganz persönlich ist und was man benötigt. Hierbei geht es auch um das Treffen von Entscheidungen oder diese ganz bewusst beispielsweise in die „Hände" des Trainers zu geben. Wenn von den übrigen Eigenschaften, Fähigkeiten und Fertigkeiten die Rede ist, zählt Vitense unter anderem den Bereich „Servicemanagement Trainer" dazu und eine entsprechende Annahme durch den Athleten. Unter Servicemanagement versteht der Bundestrainer in diesem Fall die Koordination der Angebotsvielfalt und den Informationsfluss dessen. Er möchte beispielsweise unterstützend sein bei der Suche nach einem geeigneten Sportpsychologen, Ernährungsberater oder der Koordinierung von Schule und Sport. Ihm geht es dabei um eine Unterstützungsleistung im Sinne einer Dienstleistung und nicht um Vorgaben durch ihn als Trainer. Ebenso gibt die Sportart Schwimmen durch die Gegebenheiten im Wasser vor, dass ein Sportler die Annahme eines externen Feedbacks zwangsläufig lernen muss, möchte er*sie erfolgreich sein und sich verbessern. Es geht nur über den Austausch von „Wie hast du dich gefühlt? Wie hat es sich angefühlt?", der Sicht des Trainers und/oder Videoaufnahmen.
Ein so geartetes Feedback, so Vitense, und beispielsweise Aussagen wie „Mach dich lang" sind nur im Training wirklich sinnvoll. Weiter betont er eine situative Flexibilität bezüglich der eigenen Körperstrukturen und des Gewichtes. Neben einer gewissen Intelligenz, die er einem erfolgreichen Athleten zuschreibt, ist für den Team-Coach

die Fähigkeit seine eigene Entwicklung kommunizieren zu können wichtig. Dieser Faktor sollte im Schwimmen nicht unterschätzt werden und ein Athlet sollte dies für den maximalen Erfolg mitbringen.

Aus derselben Berufsgruppe konnte der ehemalige Bundestrainer der Deutschen Schwimmnationalmannschaft Henning Lambertz als Interviewpartner gewonnen werden. Der heute 51-Jähige zählte zu seinen Athleten unter anderem Thomas Rupprath, Steffen Driesen, Antje Buschschulte, Sarah Poewe, Marco Koch und die leider viel zu früh verstorbene Daniela Samulski.
Für Lambertz sind im physischen Bereich bestenfalls große Hände und große Füße eine gute Voraussetzung, ebenso wie eine extreme Beweglichkeit, vor allem im Schulter- und Fußgelenk. Wenn es um die Bauweise des Körpers geht, ist ein kleiner langer Rumpf mit kurzen Beinen und langen Armen für den ehemaligen Bundestrainer eine optimale Kombination. Einen austrainierteren Körper mit wenig Körperfett (< 10%) sind für ihn Faktoren einer erfolgreichen Schwimmkarriere. Technisch ist für Lambertz eine gute Beherrschung aller Lagen in Kombination mit einer perfekten bzw. außergewöhnlichen Beherrschung seiner Hauptschwimmart wichtig. Neben einem sehr guten Wassergefühl und einer extrem ausgeprägten Fähigkeit für das „kicken" unter Wasser, sind für ihn die Beherrschung von sehr guten azyklischen Momenten bei Start und Wende erfolgsversprechende Faktoren. Neben dem technischen und physischen zählt er zu den Fähigkeiten eines erfolgreichen Athleten, Intelligenz, eine hohe Strebsamkeit, eine gewisse Bildung außerhalb aber eben auch innerhalb des Schwimmsports. Daneben ist für ihn entscheidend, dass der Athlet eine gute Organisation vorweist. Und auch für den mentalen Bereich nennt der Ex-Bundestrainer einige Fähigkeiten, die er von einem erfolgreichen Schwimmer erwarten würde. Neben Willensstärke und Entschlossenheit, sind für ihn ein hohes Durchhaltevermögen und eine klare Zielorientierung wichtig. Weiterhin sind eine intrinsische Motivation, Mut und eine gute Selbstbeherrschung für Lambertz wichtige Faktoren. Außerdem erwartet er von einem erfolgreichen Athleten eine hinterfragende Art für Entscheidungen und Ansagen, eine gewisse Stressresistenz und eine hohe Konzentrationsfähigkeit in den entscheidenden Momenten.

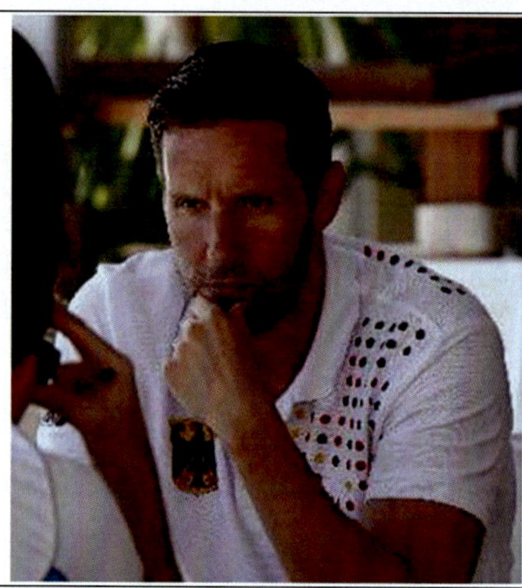

Bild 7. Henning Lambertz. (© Privat)

Und was sagt der Verband denn dazu? In der Nachwuchskonzeption Schwimmen 2020 des Deutschen Schwimm-Verband sind zum Thema Anforderungsprofil nachfolgende Kernaussagen zu finden: Grundsätzlich leitet man ein Anforderungsprofil von den Erfahrungen der erfolgreichen Athleten ab und muss sie aber stark differenzieren, so der DSV-Katalog (Rudolf, 2015). Denn die Vielfalt der Disziplinen bringt auch eine Vielfalt an verschiedenen Leistungsanforderungen, körperbaulichen Voraussetzungen, sowie konditionellen und physischen Fähigkeiten und der Motorik mit sich bringt. Und mit dem Zitat von Mark Warnecke wird deutlich, dass man vor allem aus den Anforderungen, die man erfasst, keine Prognose erstellen darf.

> *„Ein Lehrer hat mir in der 5. Klasse attestiert, dass meine Brustschwimmtechnik nur zu einer Note 5 reiche“* (M. Warnecke über die Anfänge seiner „neuen“ Art des Brustschwimmens und deren Technik).

Als ein typisches „Schwimmerprofil“ ist im DSV-Katalog (Rudolf, 2015, S. 53) folgende Beschreibung zu finden:

- überdurchschnittliche Körperhöhe,
- schmales Becken (Index Trochanterbreite zu Körperhöhe),
- lange Arme (Arm-Spannweite größer Körperhöhe), besonders Sprinter
- lange Beine (Beinlänge ist größer als Stammlänge), besonders Sprinter
- große Hände und Füße,
- relativ wenig Körpermasse (Body-Mass-Index)
- mittlerer prozentualer Körperfettanteil um 8,8% (männlich) bzw. 16,5% (weiblich).

Daneben ergänzt Franziska van Almsick, die Fähigkeit des Wasserfassens und die Fähigkeit der Körperwahrnehmung im Wasser Widerstand aufzunehmen und Balance zu finden als eine sehr wichtige.

> *„Ich kann das Wasser anfassen, ich kann es wegdrücken. Das können eben nicht alle“* (F. van Almsick).

Versuchen wir, all diese Informationen von den Experten des Schwimmsports, zusammenzufassen, so ergibt sich nachfolgende Abbildung, die im Wesentlichen der Abbildung zum Einfluss sportlicher Leistungsvoraussetzungen aus der sportwissenschaftlichen Fachliteratur gleicht:

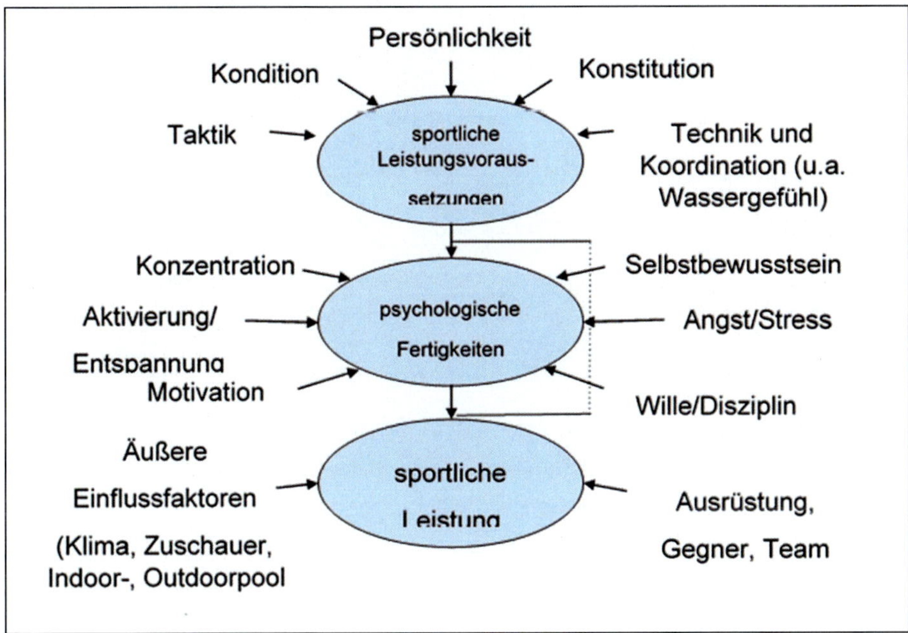

Abb. 1. Einfluss sportlicher Leistungsvoraussetzungen und psychologischer Fertigkeiten auf die sportliche Leistung (Stoll & Ziemainz, 1999).

Experten und Wissenschaftler scheinen ein gleiches oder zumindest ähnliches Bild von Voraussetzungen eines guten Schwimmers zu haben. Neben den sicherlich zentralen sportlichen Leistungsvoraussetzungen Konstitution, Kondition, Technik und Koordination spielen taktische Erwägungen je nach Zielsetzung eine mehr oder weniger starke Rolle. Bei der Benennung der psychischen Fertigkeiten dominieren Wille, Disziplin und Durchhaltevermögen, neben einer gewissen Stressresistenz Motivation und Konzentration.

Dies alles in Abhängigkeit von äußeren Faktoren wie der Infrastruktur, Zuschauern, Klima, möglichen Gegner, Ausrüstung (z. B. wird mit oder ohne Neopren im Freiwasser geschwommen) und meinem Team.
Gerade der Punkt der psychologischen Fertigkeiten wird im nächsten Kapitel noch einmal grundlegender thematisiert und im Anschluss den einzelnen Aspekten jeweils ein eigenes Kapitel zu widmen.

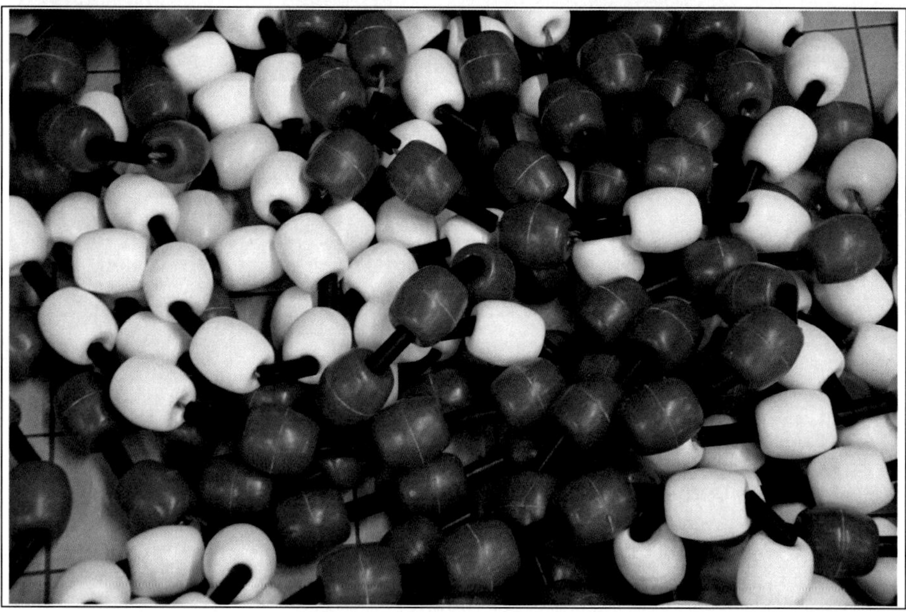

Bild 8. Anforderungen sind durchaus komplex. (© Privat)

2 Psychische Faktoren im Schwimmen

Schwimmen ist natürlich viel mehr als nur das Schwimmtraining an sich. Es beinhaltet somit nicht nur Training im Wasser, sondern auch das Training im Kraftraum, der psychischen Faktoren etc.
In der Wasserarbeit heißt es dann Techniktraining mit den verschiedenen Gleitübungen, Widerstandstraining, Wassergefühl, Koordination. Dabei kommen aber auch das Training verschiedener Zykluslängen und Frequenzen nicht zu kurz, das Training zur Stabilisierung der gelernten Fähigkeiten der Technik auch in Wettkampfgeschwindigkeit, sowie das Training von Start, Wenden und Anschlag. Neben diesen technischen Komponenten, muss aber auch das Training der konditionellen Fähigkeiten ins Wassertraining einfließen. Somit wird die Ausdauer im aeroben und anaeroben Bereich, Schnelligkeitstraining, Schnelligkeitsausdauertraining, wie auch Atemmangeltraining Teil des Trainingsplans im Wasser (Wilke & Madsen, 1997). Und nicht zuletzt muss im Wasser ja auch der Ernstfall, der Wettkampf trainiert werden. Dazu ist das Simulieren von Wettkampfsituationen, das Schwimmen im Wettkampftempo über die gesamte Wettkampfstrecke im Training von Nöten. Das dies nicht immer ohne Quälerei, harten Kampf und schmerzenden Muskeln vonstattengeht, lässt sich selbst für Nichtschwimmer erahnen. Doch damit nicht genug. Das Trainingspensum des Schwimmers ist ja nicht mit den Einheiten im Wasser erledigt. Hinzu kommen die Landeinheiten. Inhalte hierbei sind Gymnastik, Athletik, koordinative Übungen, Beweglichkeit und Dehnung, und das Krafttraining.
Doch auch damit ist es noch nicht genug. Jetzt ist noch an die Trainings- und Wettkampfplanung zu denken, die Taktik für den Wettkampf zu durchdenken, Regenerationsmaßnahmen zu treffen und ggf. leistungsdiagnostische Maßnahmen einzubauen. Dann gehört die sportmedizinische, wie auch physiotherapeutische Unterstützung hierzu, und für manche (sport-)psychologische Maßnahmen. Das liest sich auf den ersten Blick, als wahnsinnig umfangreich, drastisch und negativ. Wieso sollte man bei diesem Aufwand denn das Schwimmen als Sport überhaupt betreiben? Es ist einfach eine positive Verrücktheit, die die Schwimmer ausmacht. All diese Faktoren und Entbehrungen fühlen sich gar nicht so schlimm an, sondern werden als „normal" einfach dazugezählt. Ähnliches würden uns Langstreckenläufer, Triathleten und Radfahrer auch bestätigen.
Und zu alledem muss dann noch die persönliche Entwicklung in Einklang mit der schulischen oder beruflichen Perspektive gebracht werden, die im Hinblick auf soziale Integration, Freunde und Familie nicht zu kurz kommen darf.

Es wurde sicherlich deutlich, dass Schwimmen nicht nur Schwimmen ist.

Doch wollen wir uns nun noch detaillierter der psychischen Anforderungen widmen. Oder wie es Michael Phelps formuliert: „Zwischen Erfolg und Misserfolg liegen 15 cm", sprich das, was sich zwischen dem rechten und dem linken Ohr befindet (Rudolph, 2015).

Im Gespräch mit (ehemaligen) Athleten und Trainerin konnten weitreichende Aspekte aus verschiedenen Sichtweisen herausgestellt werden, die ein Anforderungsprofil eines Schwimmers bestmöglich beschreiben sollen (vgl. Kap. 1). Schauen wir uns zunächst an, was der Deutsche Schwimm-Verband hierzu in der Nachwuchskonzeption Schwimmen 2020 herausgegeben hat (Rudolf, 2015). Im dritten Kapitel dieser DSV-Konzeption wird das Thema Talentauswahl herangezogen. Hier finden wir gleich sieben Merkmale, die für den Verband von Bedeutung sind, wenn es um das Talent und dessen Anforderungsprofil im Schwimmen geht. Dazu gehören objektiv messbare Leistungsauffälligkeit, die neuromuskulären, die konditionellen Faktoren sowie das Entwicklungstempo. Aber auch die psychischen Faktoren finden bei den Punkten Belastungsverträglichkeit und mentale Stärke Berücksichtigung. Aber auch wir haben uns mit Athleten und Trainern auseinandergesetzt und gefragt, was denn einen Schwimmer so ausmacht.
Herausgestellt hat sich, dass ein gewisses Körpergefühl und einem Verständnis von bildlicher Vorstellungskraft im Schwimmen unabdingbar ist. Dies hängt vor allem damit zusammen, dass die Wirkungsstelle, das Wasser als 3-dimensionaler Raum eben eine gewisse Vorstellungskraft voraussetzt. Das Orientieren in einem freien Raum ist eine Fähigkeit, die zusammen mit dem „Wassergefühl“ kooperieren muss. Der Trainer kann so oft vorgeben, wie die Handstellung zu sein hat, wie der Winkel sein soll. Wenn der Athlet es nicht schafft, diese Anweisung in das Element Wasser zu übertragen, sind sie nahezu wertlos. Durch die Vorstellungsfähigkeit in Zusammenarbeit mit dem Orientieren im Wasser und dem Verständnis für das Element regelt der Geist die körperlichen Wege ein Stück weit mit. Das Element Wasser muss als Schwimmer dein Freund sein. Das klingt nun sehr banal für Nicht-Schwimmer, aber ein Schwimmer muss sich das Wasser zum Freund machen. Nur dann ist es möglich sich optimal in diesem zu bewegen und den besten Vortrieb zu finden. Schwimmen ist nichts, was man mit roher Gewalt erreichen kann. Mit der Brechstange versuchen sein Rennen zu machen, hat noch bei keinem funktioniert. Es ist ein Balanceakt zwischen Technik, Wasserlage und eben dem sich im Wasser perfekt drehen und wenden. Es ist für manche schon ein Stückchen Demut, welches dem Wasser entgegengebracht werden muss, um eben das „Fühlen“ zu erleben, statt der „Rohen Gewalt“. Oder wie es der ehemalige Schwimmweltmeister Mark Warnecke in einem Interview mit uns formulierte: „Du musst das Wasser einfach lieben!“.
Doch das ist noch nicht alles. Als Schwimmer ist man viel mit dem Kopf unter Wasser, bzw. die Rückenschwimmer eher nur bis zu den Ohren. Dennoch ist man viel im Becken auf und ab unterwegs. Und dabei hat man Zeit. Zeit, die man mit Gedanken füllen muss. Ein jeder Schwimmer kennt das. Eine lange Serie, in der die Streckenlänge zwischen 400 und 800 Meter liegt und das ganze zwischen 4- und 10-mal ausgeführt werden soll. Da gehen einige Minuten ins Land oder eben ins Wasser. Daher scheint die Fähigkeit mit sich selbst kommunizieren und sich mit sich auseinandersetzen zu können ein weiterer Baustein zu sein. Es teilt sich in einer solchen Phase

in Konzentration für die Aufgabe, aber auch eine gewisse Ablenkung, um eine gewisse Lockerheit zu besitzen. Der eine singt, die andere rechnet, wieder jemand anders zählt oder spricht mit sich selbst die Taktik durch. Aber eben diese Balance zwischen Konzentration für die Aufgabe, das saubere Ausführen der Technik, das Halten von Schnittzeiten, aber eben auch bei der Zeit die Lockerheit beibehalten und nicht „durchdrehen“ durch zu viel Konzentrationsinput, ist scheinbar eine wichtige Basis. Zweifelsfrei durch alle Befragte und in Schwimmerkreisen bestätigte Aussage ist, dass ein Schwimmer eine Quäl-Mentalität besitzen muss.

Ein langes Training mit hohen Limits immer und immer wieder durchzustehen, setzt voraus, sich wieder und wieder über das Limit hinweg quälen zu können und das Äußerste aus seinem Körper herauszuholen. Dem gefolgt und nicht zu unterschätzen ist die Fähigkeit, sich auch immer wieder neu motivieren zu können. Morgens 04:30 Uhr aufzustehen, um 05:15 Uhr ins Wasser zu springen, bedarf schon einiges an Motivation. Aber auch die mit dem Sport verbundenen Entbehrungen, der hohe zeitliche Aufwand und dem Faktor, dass du nicht Schwimmer wirst, um reich zu werden, fordern eine Menge Motivation vom Athleten. Du brauchst andere Ziele. Die Teilnahme oder Ausbeute von Medaillen an einer Weltmeisterschaft, einer Olympiade oder aber auch kleiner an einer Deutschen Meisterschaft, sind eher die Ziele eines Athleten. Sich deswegen kleinschrittige Ziele zu setzen, um die Motivation tagtäglich aufzuweisen, ist für viele Athleten ein wichtiger Faktor. Und so stellte sich heraus, dass der Umgang mit den eigenen Emotionen für Schwimmer eine entscheidende Facette ist. Dabei äußern die meisten den Umgang mit Druck, eine gewisse Stressresistenz und eine Machermentalität als für sie wichtige Bausteine. Vor allem der Transfer vom Training auf den Wettkampf ist für die Schwimmer ein schwerer, der oftmals mit „Kopfkino“ verbunden ist. Negative Gedanken oder auch einfach nur die Vorstellungen „Was ist, wenn…“ standen dem ein oder anderen schon mal im Wege. Vorlaufschnellster zu sein, heißt ja auch automatisch Favorit auf Gold. Die Fallhöhe ist hierbei enorm hoch und die Gedanken blockieren den gewohnten Ablauf und die Konzentration auf das Wesentliche. Daher kam die Aussage „Kopf aus – Körper und Gefühl an“ von Athleten, um zu beschreiben, was das Wichtigste für ihren Wettkampf ist. Ablenkende Gedanken führten bei allen zu einem negativen Ergebnis im Wettkampf. Und was ist eigentlich mit der Einstellung. Wie soll ein Schwimmer gepolt sein!? Athleten stehen im Prinzip vor der Wahl: Habe ich Lust am Gewinnen oder habe ich Lust nicht zu verlieren. Die Ansätze, die womöglich beim selben Ergebnis enden, haben grundverschiedene Wege, Ansichten und individuell auch andere Ziele und Motivation dahinter versteckt.

Und das Thema Ziele ist etwas, was ein Schwimmer definitiv in sein Training einbauen muss. Eine gute und realistische Zielsetzung und der Umgang damit sich zu quälen, ohne dafür eine direkte Belohnung zu erfahren, sind Eigenschaften, die ein Schwimmer in jedem Fall erlernen sollte.

Ein schönes Beispiel hierfür liefert uns Mark Warnecke. Der Weltmeister von 2005 in Montreal auf der langen Bahn (50 m), Kurzbahnweltmeister von 1995 und 2000 und auch Bronzemedaillengewinner von den Olympischen Spielen in Atlanta 1996 erzählt von eben diesen Olympischen Spielen, dass seine Zielsetzung ihn um die Goldmedaille gebracht hat. Sein Traum war es, einmal auf dem Podium bei den Olympischen Spielen stehen zu können. Einmal das Podium zu berühren, war das Ziel, welches er auch in Atlanta 1996 vor Augen hatte. Er war perfekt vorbereitet, fit und bereit. Über die 100 m Brust ging er also an den Start und schafft es und gewinnt Bronze, sein Ziel hat er erreicht. Für ihn war es wie ein Sieg. Und doch, so sagt er heute, hat ihn dieses Ziel die Goldmedaille gekostet. Das Ziel war „nur" das Podium. Wäre sein Ziel Gold gewesen, so hätte er auch das erreicht und wäre Olympiasieger geworden. Jedoch ist es extrem wichtig, dass eine Zielsetzung immer individuell und aktuell gehalten wird, denn nur dann, kann sie ihr volles Potential zeigen. Die Spannweite reicht dabei von gar nicht nachdenken und einfach machen, bis hin zum perfektionistischen Genie, jedes minimale Steinchen auf dem Weg zu berechnen, vorzubereiten und anzugehen. *Dein Weg, ist nur DEIN Weg!* Hierauf gehen wir aber in einem späteren Kapitel noch genauer ein.

Zusammenfassend können wir festhalten, dass hier von den drei leistungsbedingenden Faktoren gesprochen werden kann, wie sie Peter Terry in seinem Buch „Mental zum Sieg" schon 1989 beschrieben hat. Hierzu gehört der Grad ihrer Fertigkeit, ihre physische Vorbereitung auf die Wettkämpfe sowie die psychologische Wettkampfbereitschaft, sich dieser Herausforderung stellen zu wollen (siehe Abb. 2).

Die ersten beiden Elemente haben von Sportart zu Sportart eine unterschiedliche Gewichtung. So legt ein Golfspieler sehr viel Wert auf den Fertigkeitsgrad, welcher eine exakte und eine möglichst hochautomatisierte Bewegungsausführung bedingt. Ein Marathonläufer hingegen wird der physischen Vorbereitung auf einen Wettkampf sehr viel mehr Bedeutung beimessen, da die Bewegungsausführung des Laufens eine weniger hochkomplexe Angelegenheit ist, wie etwa das Putten im Golf, welches eine ständige Übung benötigt, um die punktgenaue Geschicklichkeit beibehalten zu können. Damit kann ein Golfspieler, trotz eventueller Mängel in konditioneller Hinsicht, gute Leistungen erbringen. Ein Marathonläufer mit einer grazilen Lauftechnik, jedoch ohne Grundlagenausdauer, wird sehr schnell nach Luft schnappen wie ein Fisch auf dem Trockenen. Wie sieht es beim Schwimmen aus? Ein Schwimmer braucht beides. Einen entsprechenden Fertigkeitsgrad (z. B. Starts, Wenden, Schwimmarten), aber natürlich auch eine entsprechende Ausprägung der konditionellen Fähigkeiten je nach Streckenlänge.
Was jedoch alle Sportarten in gleichem Maße benötigen, ist die psychologische Bereitschaft, sich der Herausforderung eines Wettkampfes und gerade im Schwimmen auch des Trainings zu stellen. Damit verbunden ist „Hoffnung auf Erfolg" oder auch „Angst vor Misserfolg". Ohne diese Komponente ist kein Sportler für einen Wettkampf optimal ausgebildet. Würden Sie nur einen Bruchteil der gesamten Trainingszeit für die psychologische Vorbereitung verwenden, so könnten Sie sich sicherlich eine Chance geben, Misserfolge und Unzufriedenheit wegen unbeständiger Leistungen zu vermeiden.

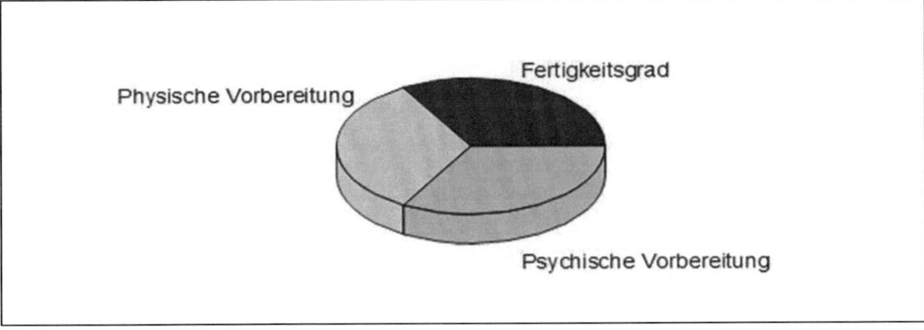

Abb. 2. Die drei leistungsbestimmenden Faktoren nach Terry (1989).

In diesem Buch möchten wir Ihnen zeigen, inwiefern Ihre persönliche Leistung im Schwimmen von Ihrer Einstellung zu Ihrer Sportart, z. B. im Hinblick auf Ihre Gegner, abhängig ist und inwiefern Sie diese Komponenten im Rahmen eines psychologischen Trainingsprogramms lernen und üben können. Dazu ist es notwendig, sich mit Ihren inneren Stärken und Schwächen, Ihren Erwartungen und Hoffnungen auseinanderzusetzen, vor allem Ihre Stärken zu erkennen und Ihre mentalen Fertigkeiten gemeinsam mit Ihren physischen Leistungsvoraussetzungen zu verbessern.

2.1 Fertigkeiten und Fähigkeiten

In der Sportwissenschaft existieren viele verwirrende Begriffe wie „Technik", „Taktik", „Fähigkeit", „Talent" oder „Fertigkeit". Oft werden die Begriffe synonym verwendet, bzw. oft in einem Atemzug mit dem Begriff des „sportlichen Leistungsniveaus" genannt. Dabei ist es für den Praktiker gar nicht so wichtig, diese Begriffe definieren zu können, sondern sich vielmehr über ihre Bedeutung und ihre Zusammenhänge bewusst zu werden. Den Begriff der Fertigkeit umschreibt der Sportpsychologe Peter Terry (1989) als eine Fähigkeit, ein angestrebtes Ziel beständig zu verfolgen. Dieses benötigt viel Zeit und Einsatz, um eine entsprechende Effizienz zu erzielen. Fertigkeiten können also entwickelt werden und stehen im krassen Gegensatz zu dem, was Sportjournalisten oft und gerne behaupten: dass Können und Fertigkeit den erfolgreichen Athleten oft in die Wiege gelegt sei. Fertigkeit ist keine reine Sache der Erbanlagen, sondern sie wird zu einem großen Anteil erworben. Sie ist mitunter das Ergebnis von hartem, stundenlangem und aufopferungsvollem Training. Auch ein Florian Wellbrock schwang sich nicht aus dem Schoße seiner Mutter hervor, um als erster Athlet die 10 Kilometer Freiwasser und die 1500 Meter im Becken bei der WM 2019 zu gewinnen. Bis dahin war es ein langer Weg, beginnend mit der Wassergewöhnung oder der Zuglänge und Frequenz beim Kraulschwimmen, dem Erlernen der Variabilität des Tempos und der korrekten Einschätzung der physischen Reserven.

Fähigkeiten hingegen können schon eher im Zusammenhang mit Erbanlagen genannt werden. Man kann sie schon relativ früh erkennen und beeinflussen. Dabei handelt es sich um Faktoren wie z. B. Beweglichkeit und Flexibilität, einem guten Gedächtnis oder einem scharfen Blick. Die Fähigkeiten bilden den Grundbaustein, auf dem sich Fertigkeiten entwickeln können. Fertigkeitstraining beinhaltet das Formen und die Weiterentwicklung der Fähigkeit, um eine bestimmte Aktivität ausführen zu können (Terry, 1989). Das gelingt natürlich umso einfacher, wenn diese Leistungsvoraussetzungen schon präsent sind, dennoch ist dies, was man im Übrigen am besten mit „Talent" umschreibt, noch lange keine hinreichende Bedingung, um einen Spitzenathleten hervorzubringen.

Wie kann man solche Fertigkeiten entwickeln? Um diese Frage zu beantworten, ist es wichtig zu verstehen, dass es nicht so sehr darauf ankommt, dass man über möglichst viele physiologische und psychische Qualitäten verfügt, sondern dass man sich genau darüber im Klaren ist, was man gerne erreichen möchte und welche physischen Voraussetzungen notwendig sind, um das angestrebte Ziel zu erreichen. Erinnern Sie sich beispielsweise einmal daran, wie Sie mit dem Schwimmen begonnen haben. Zunächst einmal war alles nur anstrengend, weil die körperlichen Voraussetzungen noch nicht vorhanden waren. Nach einigen Wochen Training waren Sie in der Lage, auf bestimmte Bewegungsausführungen und Körperpositionen zu achten. Der Arm der, während der Überwasserphase beim Schwimmen, bis dahin verkrampft war, konnte bewusst locker nach vorne ins Wasser gebracht werden. Sie waren plötzlich in der Lage, auf Teilstücken die Atmung bewusst zu beruhigen oder in der Lage das Wasser zu fühlen und so einen optimalen Vortrieb zu erzielen. Während dieser Prozesse spielten ihre Sinne eine zentrale Rolle. Manchmal benötigten Sie auch noch das Auge und die Erfahrenheit von Trainern oder anderen Schwimmern, die Ihnen Tipps gaben.

2.2 Psychische Wettkampfbereitschaft

Wie wir soeben gesehen haben, erfordert die Entwicklung physiologischer Voraussetzungen ein zielgerichtetes und systematisches Vorgehen. Eine 1500 m Schwimmbestzeit von 17 min kommt nicht einfach so zustande, sondern ist zumeist das Ergebnis eines langen und mühseligen Trainingsprozesses, der zielgerichtet durchgeführt wurde. Unsere sportlichen Leistungsvoraussetzungen setzen sich, wie wir im vorangegangenen Kapitel bereits sehen konnten, aus den konditionellen (z. B. Kraft, Ausdauer) und technisch-koordinativen Voraussetzungen (z. B. koordinative Fähigkeiten), aus Merkmalen unserer Persönlichkeit, aus konstitutionellen Merkmalen (z. B. Körperbau) sowie der Taktik (z. B. Antizipationsfähigkeit) zusammen. Dies bedeutet jedoch noch nicht, dass wir diese „Qualitäten" jedes Mal 100%-ig einsetzen können. Verantwortlich dafür können u. a. unzureichend entwickelte psychologische Fertigkeiten sein. Als mögliche Störgrößen, die das psychologische Fertigkeitsniveau beeinflussen, können Konzentrationsverlust, Angst und Stress, ein zu geringes

Selbstbewusstsein, Unter- bzw. Überaktivierungszustände, Selbstzweifel oder auch Motivationsverlust einwirken. Sind psychologische Fertigkeiten nicht weit genug entwickelt, kann es zu deutlichen Beeinflussungen unserer aktuellen sportlichen Leistung kommen.
Die psychologischen Fertigkeiten sind keineswegs ererbt, sondern können erlernt und trainiert werden. Mentale Stärke wird uns nicht in die Wiege gelegt, wie etwa unsere Hautfarbe, sondern ist ein Ergebnis ähnlich harten Trainings wie unsere physiologische Form.

2.3 Dimensionen psychischer Fähigkeiten und Fertigkeiten

Um den auf uns einströmenden Störgrößen entgegenzuwirken (vgl. Abb. 1), müssen die Fähigkeiten und Fertigkeiten unserer Psyche entwickelt werden. Wir verfügen zwar über bestimmte psychische Fähigkeiten (z. B. Wahrnehmung von bedrohenden Situationen) und psychische Fertigkeiten (z. B. bestimmte Bewältigungsstrategien). Diese sind in vielen Fällen nur unzureichend oder in inadäquater Form vorhanden bzw. ausgeprägt. Zu diesen psychischen Fertigkeiten gehören:

– *Die Fähigkeit, Selbstvertrauen zu steigern und zu stabilisieren*

Diese Fähigkeit ist einer der wichtigsten Punkte, um im Wettkampf gute Leistungen erzielen zu können. Erfolg oder Misserfolg sind entscheidend davon beeinflusst, inwieweit der Schwimmer von sich und seinen Fähigkeiten und Fertigkeiten überzeugt ist. An dieser grundlegenden Voraussetzung scheitern schon sehr viele Sportler. Es ist gar nicht so leicht, ein hohes Maß an Selbstvertrauen ständig aufrechtzuerhalten, da wir auch im Alltag ständig, sei es in der Freizeit oder im Beruf, von dem Erfolg oder Misserfolg unserer eigenen Tätigkeiten sowie von anderen Menschen positiv wie negativ beeinflusst werden. Der wichtigste Punkt jedoch ist das Vermeiden von Gedanken an Misserfolg. Nichts kann das Selbstvertrauen mehr untergraben als die Anhäufung von Gedanken an Niederlagen und Fehlschlägen. Sie können ein noch so starker Schwimmer sein, wenn es Ihnen an Selbstvertrauen mangelt, haben Sie praktisch schon verloren.

– *Der Umgang mit „negativer Energie“*

Negative Energie entsteht aufgrund negativer Emotionen wie Ärger, Wut, Frustration, Neid oder Zorn. Diese negativen Emotionen führen fast immer zu einer Überaktivierung, blockieren einen klaren Sachverstand und lassen uns die Kontrolle über uns selbst verlieren. Es muss also eine Fertigkeit entwickelt werden, die es uns erlaubt, diese negativen Kräfte in Bahnen zu leiten, wo sie kein Unheil anrichten können. Dies gelingt am besten, indem man lernt diese negativen Kräfte zu kontrollieren.

– *Aufmerksamkeitssteuerung*

Dies ist die Fähigkeit, seine gesamte Konzentration auf ein relevantes Wettkampfziel hin auszurichten und irrelevante Ereignisse auszublenden. Ziel dieser Technik ist es, die Konzentration so auf eine zu lösende Aufgabe zu fokussieren, dass sogar das eigene Ich im Hinblick auf die zu lösende Situation total aufgegeben wird. Sehr oft wird dieser Zustand, wenn er einmal erreicht wurde, verglichen mit dem, was Läufer im Allgemeinen als „Runner‘s High" bezeichnen und welches auch in der Sportart Schwimmen schon berichtet worden ist. Subjektiv wird dieser Prozess als „totales Aufgehen in der Tätigkeit" beschrieben. Sehr oft beschreiben z. B. Schwimmer diesen Zustand auch als ein „Lösen des Ichs vom Körper", so dass man seiner eigenen Tätigkeit von außerhalb zuschauen kann.

– *Visualisierung und Vorstellungssteuerung*

Visualisierungstechniken gehören, wie oben bereits erwähnt, zu den wichtigsten mentalen Trainingsverfahren. Diese Techniken setzen auf das Vermögen eines Schwimmers, über geistige Bilder und seine Vorstellungskraft, seine Gedanken und Wahrnehmungen in eine konstruktive, positive Richtung zu lenken. Um während eines Wettkampfes eine optimale Leistung zu erbringen, ist es notwendig, sehr schnell von einem klaren sehr scharfen analytischen Verstand auf eine eher spontane, ungebundene, eher instinktive Denkweise umzuschalten. Visualisierung und Vorstellungstraining helfen uns dabei, diesen Wechsel zu erleichtern. Wie wir wissen, ist es leichter, mit Hilfe von Visualisierungstechniken vorgestellte Wünsche in psychische Leistung umzusetzen. Das liegt an der Tatsache, dass das zentrale Nervensystem nicht in der Lage ist, zwischen einer intensiven Visualisierung und einem realen Ereignis zu unterscheiden. Folglich ist die Auswirkung umso wirkungsvoller, je intensiver, ausführlicher ein Wunschziel visualisiert wird. Die Fähigkeit, eher in seinen Vorstellungen und in Bildern zu denken als in Worten, macht gerade diese Möglichkeit für den Sport so interessant und nützlich. Diese Fähigkeit verbessert sich durch ständiges Üben. Wir werden im weiteren Verlauf dieses Buches immer wieder auf Techniken der Visualisierung zurückgreifen. Aus diesem Grund beschäftigt sich ein grundlegender Abschnitt dieses Buches intensiver mit diesem „mentalen Werkzeug".

– *Die Entwicklung von Motivationsstärke und Wille*

Entscheidende Komponenten motivationaler Prozesse sind die Fähigkeiten, mit Erfolg und Misserfolg richtig umzugehen, um so ein hohes Maß an Selbstmotivation aufrechtzuerhalten. Hierzu zählen u. a. das Setzen von bedeutungsvollen, realistischen Zielen und deren konsequente Verfolgung. Auch diese Techniken sind erlernbar. In der Psychologie wird die Motivation oft mit einer Energie verglichen, die uns in eine bestimmte Richtung hin antreibt. Sie kann als die wichtigste Quelle positiver Energie des Athleten angesehen werden. Die Selbstmotivationsfähigkeiten entscheiden darüber, inwieweit ein Sportler in der Lage ist, ein sich selbst gestecktes Ziel unbeirrt, trotz Schmerzen, Unannehmlichkeiten und Selbstaufopferung zu verfolgen.

Diese Qualitäten sind immanent wichtig, um ein tagtägliches Training ungeachtet aller Widrigkeiten zu überstehen.

2.4 Einstellungskontrolle

Eine positive Einstellung zu einer belastenden Situation im Wettkampf charakterisiert unter anderem einen hochklassigen Wettkämpfer. Die richtige Einstellung ermöglicht es, Kontrolle über Emotionen und das innere Gleichgewicht zu erlangen. Dies wiederum unterstützt einen positiven Energiefluss. Zu den bisher skizzierten Dimensionen psychischer Fertigkeiten existieren relativ einfach zu erlernende Programme und Ratschläge zur Entwicklung dieser Faktoren, auf die wir im weiteren Verlauf des Buches eingehen werden. Dabei versuchen wir die einzelnen Trainingsformen so anzuordnen, dass sie aufeinander aufbauend einen logischen Jahresverlauf ergeben.

Die Emotionsregulation

Neben dem Umgang und der Einstellung rund um die Motivation, ist ein weiterer wichtiger Bereich der Umgang mit den Emotionen. Für Sportler, die großenteils auch perfektionistisch veranlagt sind, sind die negativen Emotionen da maßgeblich. Der richtige Umgang mit Dingen, die nicht nach Plan laufen, der Umgang mit Druck und Angst. Dies sind Faktoren, die einige Schwimmer schon selbst erlebt haben. Das Kribbeln vorm Start kann förderlich sein, kann aber bei zu hoher Anspannung auch zu einer verminderten Leistung führen. Wenn die Gedanken abschweifen, weil man sich den Gegner auf der Nebenbahn anschaut, verliert man den Fokus auf sich und seine Leistung. Daher sollte ein Schwimmer im Bereich der Emotionen erlernen, was für ihn oder sie notwendig ist, mit seinen Gedanken und Gefühlen auf einer individuell positiven Schiene zu bleiben, um eine bestmögliche Leistung ins Wasser zu bringen. Es kann kein gutes Ergebnis ins Wasser gezaubert werden, wenn die Emotionen einem einen Strich durch die Rechnung machen. Trainiert haben alle gut, am Ende entscheidet es sich damit, wer dies auf Grund seiner Motivation, Emotion und Anspannung am besten in DEM Moment abrufen und ins Wasser bringen kann.

Die Bewegungsregulation

Die Bewegungsregulationsfähigkeit an sich ist zu Beginn im Nachwuchsbereich ein Faktor, der zum Einsatz kommen kann. Die Bewegungsvorstellung vor dem Erlernen etwas Neuem, um das Neue einfacher praktisch umzusetzen. Was jedoch auch später noch zum Tragen kommt, ist der Bereich des mentalen Trainings mit Übungen der Visualisierung. Bewegungsabläufe im Kopf mental zu trainieren, stärkt nachweislich die praktische Ausführung. Aber auch bei Technikanpassungen im Schwimmen sind Fähigkeiten von Bewegungsvorstellungen enorm hilfreiche Stützen. Gewohnte Muster aufbrechen, vielleicht jahrelang durchgeführte Technik verändern, wird durch die reine Vorstellungskraft einer Bewegung vereinfacht. In Kombination mit mentalem Training sind hier wissenschaftlich bewiesen deutliche Hilfen zu erkennen.

Das Team- und Entwicklungstraining

Brauch man eigentlich ein Teambuilding- oder Teamentwicklungstraining bei einer Individualsportart wie Schwimmen? JA!
Schwimmer trainieren zum großen Teil nicht alleine, sondern in einer Trainingsgemeinschaft, starten gemeinsam für ihren Verein oder ihr Land bei Wettkämpfen und Meisterschaften. Also treten sie da zwangsläufig als Gruppe auf. Mit gezielten Trainings ist es daher möglich, auf individueller, aber auch gemeinschaftlicher Ebene sportlich und sozial Fähigkeiten zu fördern. Das Lernen von und miteinander, das gegenseitige Pushen, das Unterstützen in Phasen, die vielleicht mal nicht so leicht sind. Aber eben auch die Gemeinschaft, das System auch Athleten, Trainer- und Betreuerteam sind maßgeblich Faktoren, die einen Athleten stärken können und auf der psychischen Ebene großen Anteil am „Wohlfühlfaktor" haben können.

Und das alles steht neben der ganzen körperlichen Arbeit oftmals etwas im Hintertreffen. Die Meter machen, die Hanteln stemmen, stehen bei vielen vor der bewussten Erholung, vor dem gesunden Umgang mit Stress und vor dem Bewusstsein des Ausmaßes von mentaler Gesundheit.

Aber es ist ja nie zu spät und wenn Du dieses Buch in den Händen hältst, hast Du vielen schon einen Schritt voraus, indem Du Dich mit Deiner Psyche überhaupt auseinandersetzen willst. Ganz egal, ob da schon etwas ist, was Dich beschäftigt, ob Du es aus präventiven Gründen machst oder nur um Dich zu informieren. Es wird Dir einen kleinen Teil an Möglichkeiten eröffnen, was die Sportpsychologie mit ihren Facetten so alles erreichen kann!

Zu den bisher skizzierten Dimensionen psychischer Fertigkeiten existieren relativ einfach zu erlernende Programme und Ratschläge zur Entwicklung dieser Faktoren, auf die wir im weiteren Verlauf des Buches eingehen werden. Dabei versuchen wir die einzelnen Trainingsformen so anzuordnen, dass sie aufeinander aufbauend einen logischen Jahresverlauf ergeben.

3 Mentale Trainingsformen im Saisonverlauf

Wie weit blicke ich nach vorne. Dies ist eine elementare Frage, wenn man die Einplanung von mentalen Trainingsformen betrachten möchte. Plane ich von Saison zu Saison, das heißt im Schwimmen vom Sommer bis Sommer, oder nutze ich eine Jahresplanung, die von Januar bis Dezember geht. Habe ich sogar eine 2-Jahres-Planung auf Grund bestimmter Wettkämpfe oder nehme ich mir den olympischen 4-Jahres-Rhythmus als Grundlage? Es gibt hierfür keine richtige und keine falsche Lösung. Es ist nur wichtig, einen strukturierten Plan zu haben, der an den Wettkampfzyklus anpassbar ist.

Was meint das?

Es ist beispielweise nicht sinnvoll, mit der Berücksichtigung eines Olympiazyklus mentales Training ein paar Wochen vor Abreise zu den Olympischen Spielen, da die Erprobungsphasen für DEN Höhepunkt auf die 4 Jahre gesehen zu kurz wären, um herauszufiltern, welche Übung mir guttut, welche weniger und was ich für meinen optimalen Wettkampf benötige. Sinnvoller ist es innerhalb dieses Olympiazyklus auf einzelne Unterschritte zurückzugreifen. Der logische und chronologische Aufbau von mentalem Training kann hierbei dann auch saisonübergreifend fortgeführt werden, aber eben auch immer wieder an den aktuellen Stand angepasst und aktualisiert werden.

Aber womit fange ich überhaupt an?

Wie wir in Kapitel 2 schon dargestellt haben, sind vor allem die motivationale und die emotionale Ebene beim Schwimmen wichtige Faktoren.
Daher sollte dort auch zuerst angesetzt werden. ABER… sportpsychologisches Training MUSS gewollt werden. Das heißt es ist unbedingt ratsam, sich mit dem Athleten zunächst über den Sinn und die Möglichkeiten der sportpsychologischen Maßnahmen auszutauschen. Schwimmen mit einem Badeanzug, der nicht sitzt, Krafttraining zu machen, welches man für unnötig erachtet oder eben auch das nicht „hinter Stehen“ bei sportpsychologischem Training ist nicht zielführend! Bei skeptischen Athleten bietet es sich an, mit der Sinnhaftigkeit und Wirksamkeit von sportpsychologischem und mentalem Training zu beginnen.
Neben der Akzeptanz um die Sportpsychologie ist es empfehlenswert einen derzeitigen IST-Zustand abzubilden. Es bietet sich an, dies mittels sportpsychologischer Diagnostik als Eingangsevaluation zu betreiben (vgl. u. a. Beckmann-Waldenmayer & Beckmann, 2012).
Die Nutzung des IST-Wertes ist in mehreren Hinsichten sinnvoll. Neben einem Anfangsbild, welches Potentiale und Ressourcen offenbaren kann, kann es als Grundlage einer Verlaufskontrolle dienen oder aber auch zur Findung von geeigneten Zielen. Mit der Sinnhaftigkeit und der nötigen Erkenntnis über die Wirksamkeit im Rücken

und einer Überlegung zu den eigenen Themen vor Augen, geht der Ablauf dann seinen Weg. Für das gewählte Thema werden entsprechende Maßnahmen, sogenannte Tools, eingeführt und müssen dann erlernt und trainiert werden. Beispielsweise könnte jemand, dem es schwerfällt, den optimalen Erregungszustand (Aktivierungsniveau) vor einem Wettkampf zu erreichen, Tools zur Aktivierungsregulation erlernen. Da jede Person ganz individuell für sich erfahren muss, welches Tool das effektivste ist und um beim Beispiel zu bleiben, das ist, welches es schafft meinen Fokus bestenfalls vollständig bei der Sache zu lassen, bzw. dort schnell wieder hinzukommen.

Ist eine Technik ausgesucht, wird sie nun langsam an intensivere Situationen herangeführt. Zunächst in einem Rahmen ohne Druck und Erwartungen wird das Tool beim Schwimmer verankert. Über das Training, beispielweise zu Hause im Bett, geht es weiter in den Sportkontext auf Trainingsniveau. Im Training soll die Technik auch hier mit zunehmender Sicherheit und Differenzierung angewendet werden. Ist das Tool sicher in diese Stufe überführt worden, erfolgt die Endstufe, dem Einbau in die Wettkampfsituationen.

Wichtig ist es, jede Phase bewusst und ohne Zeitdruck zu erleben. Die Implementierung eines mentalen Trainingsverfahrens bedarf Zeit und Übung. Es gibt kein Pauschalrezept, wann man welches Tool einsetzt, wie weit man „vorher“ anfangen sollte, um zum Zeitpunkt X die Technik sicher zu beherrschen. Aber fangt lieber sehr rechtzeitig an und passt die Technik lieber immer wieder an.

So könnte sich ein Jahresverlauf (beginnend hinsichtlich der Anwendung des psychologischen Trainings, wie in Abbildung 3 dargestellt) ergeben:

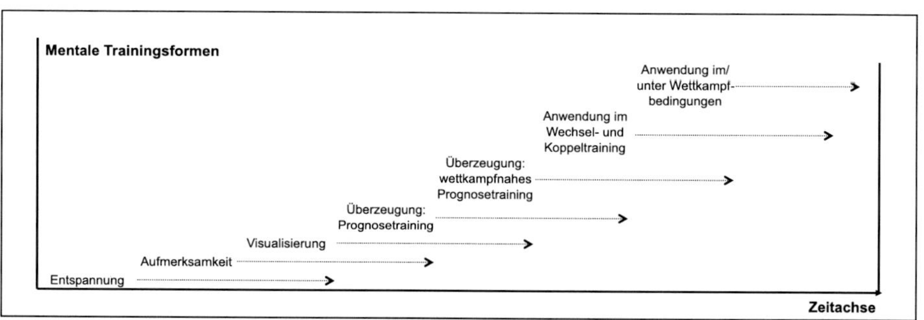

Abb. 3. Möglicher Einsatz mentaler Trainingsformen im Jahresverlauf. (Ziemainz & Rentschler, 2020).

Die Anwendung bzw. das Erlernen von sportpsychologischen Trainingsformen im Jahresverlauf baut aufeinander auf und ist logisch gegliedert. So werden wir mit einer Einführung in Entspannungsverfahren, die die Grundlage für fast alle psychologischen Trainingsprogramme bilden, beginnen (vgl. Kap. 4).

Aber „sich-entspannen-können" ist natürlich auch vor einem Wettkampf nötig, wenn das Umfeld hektisch ist und organisatorische Dinge nicht funktionieren. Daher werden die Entspannungsübungen auch im Jahresverlauf weiter angewandt, verfeinert und letztlich so variabel und in Kurzform erlernt, dass sie fast zu jedem Zeitpunkt abrufbar sind. Dies gilt übrigens auch für die anderen mentalen Trainingstechniken.

Seine Aufmerksamkeit auf mehrere Aspekte verteilen bzw. ausweiten oder sein Gesichtsfeld auf bestimmte Vorgänge fokussieren bzw. sich konzentrieren zu können – dies stellt die nächste, zu erlernende Stufe im Jahresverlauf dar. Die verschiedenen Möglichkeiten der Aufmerksamkeitslenkung, wie in Kapitel 5 beschrieben, sind hier das Thema.
Nach einem anstrengenden Berufsalltag abschalten (entspannen) und sich auf das folgende Training einstimmen (konzentrieren) zu können oder auch vor dem Wettkampf den Vorstartzustand in ein erträgliches Maß zu bringen – Entspannungsfähigkeit auf der einen und Aktivierungsregulation auf der anderen Seite – dann aber schon vor dem Startsignal voll konzentriert zu sein, das ist die eine Sache. Damit die Übungsausführung, egal ob im Training oder Wettkampf, nicht nur gelingt, sondern auch effektiv ist, werden im nächsten Schritt Visualisierungstechniken erlernt, die beispielsweise auch beim Bewegungsneulernen bzw. im Techniktraining Anwendung finden können. Beobachter, Regisseur oder Akteur! Die „Auseinandersetzung" mit diesen Rollenspielen der Visualisierungstechniken wird in Kapitel 6 besprochen und finden ihren Ansatz schon im Erlebnisbericht der Athletin.

Relaxt und locker an die Sache herangehen zu können, im richtigen Moment konzentriert zu sein, sich im inneren Film als Hauptakteur betrachten zu können – dies haben wir bis jetzt geschafft. Auch stimmen die Trainingszeiten, eine Leistungsentwicklung ist zu sehen. Die Motivation ist gleichfalls ungebrochen. Der erste Wettkampf kommt, Zielstellung beispielsweise ist eine Endlaufplatzierung bzw. eine Podestplatzierung bei den Masters. Anfahrt und Organisation im Vorfeld passen. Beim Aufwärmen/Einschwimmen und kurz vor dem Start sieht man die Gegner. Die sehen gut und austrainiert aus, haben lockere Sprüche drauf. Es wird diskutiert in welcher Zeit die 400 Meter Freistil absolviert und wie schnell die ersten 100 Meter wohl sein werden. Erste Zweifel kommen auf: „...unter den Bedingungen bzw. mit so einer starken Konkurrenz habe ich mein Schwimmvermögen noch nicht getestet, wir haben im Training Wert auf ein eher gleichmäßiges Tempo gelegt...", „... schaffe ich die angestrebte Platzierung überhaupt...". Der Start gelingt noch einigermaßen, aber die Arme werden schwerer und schwerer, das Anfangstempo ist einfach zu hoch – wirklich?

Im Beispiel verlässt die Ausgeglichenheit den Athleten. Der Glaube an sich selbst, die Überzeugtheit von seinem eigenen Leistungsvermögen fehlt oder lässt immer mehr nach.

Eberspächer (1995) beschreibt daher einen wettkampfstabilen Athleten als eine Person, die eine tiefgreifende Überzeugung von seinen Fähigkeiten und Fertigkeiten besitzen und selbst- oder fremdgestellte Anforderungen angemessen einschätzen

können muss. Weiterhin muss er in der Lage sein, die optimale Leistung zum geforderten Zeitpunkt zu erbringen und die Leistung in schwierigen Situationen aufrecht zu erhalten.
Daher wird unser Beispielathlet für die nächste Saison nach den Ebenen der Entspannung und der Aufmerksamkeitslenkung sowie der Erlernung der Visualisierungstechniken auch Trainingsformen einsetzen, welche dazu dienen können, aus ihm einen wettkampfstabilen Athleten zu machen.

Beim Prognosetraining, wie es Eberspächer (1995) vorschlägt, kommt es darauf an, dass eine Zielstellung durch sich selbst erfolgt, oder durch die Trainingsgruppe bzw. den Trainer gestellt wird. Anschließend kommt es zur Ausführung. So könnte der Athlet – in einer einfachen Version des Prognosetrainings – beispielsweise vereinbart haben, dass er in einer Standardserie von 30 Mal 100 m alle Intervalle zwischen 1:18 Minuten und 1:20 Minuten schwimmt. Schafft er dies, so zeugt dies von einer realistischen Selbsteinschätzung seiner aktuellen Möglichkeiten. Liegt er mit mehreren Wiederholungen daneben, so muss er mit diesem „einfachen“ Misserfolg (Soll-Ist-Diskrepanz) umgehen und nachhaken, warum die Prognose fehlschlug. Ein weiteres Anwendungsbeispiel könnte sein, dass nach der Prognose gefragt wird, mit wie vielen Armzyklen die 50 Meter durchgeschwommen und wie viele 50-Meter-Wiederholungen dann mit der gleichen Anzahl Zyklen geschwommen werden können.

Weitere Merkmale unterscheiden die Trainings- und Wettkampfsituation. Dies betrifft nicht nur die bewusste oder auch unbewusste Prognose im Vorfeld, sondern schlägt sich vor allem in der Nichtwiederholbarkeit dieses einen Wettkampfes nieder und meist sind Konsequenzen mit dem Ergebnis verbunden. Auch ist der Zeitpunkt der Leistungsabgabe vordefiniert. Der Wettkampf findet am ersten Wochenende im Juli im Starnberger See um 14:30 Uhr statt, auch wenn dem einen oder anderen ein früherer Start lieber wäre, d. h. der Athlet muss auf den Punkt hin, der von außen vorgegeben wurde, fit sein: Hier kann ein wettkampfnahes Prognosetraining helfen.

Der Trainer gibt weit im Voraus einen Testtermin bekannt, oder der autodidaktische Athlet legt diesen selbst fest, so dass der Athlet sich nicht nur mit entsprechenden Trainingsinhalten darauf einstellen, sondern auch dem Zeitpunkt entgegen „fiebern“ kann. Am Testtag selbst wird die Aufwärmarbeit gemeinsam geleistet und ein entsprechendes Aktivierungsprogramm absolviert. Dann kommt der Zeitpunkt, an dem der Trainer die Gruppeneinteilung und den Zeitpunkt der Gruppenstarts bekannt gibt. Jeder Athlet gibt nun die Zeit an, die er glaubt zu schwimmen (natürlich kann diese Form des Leistungstests auch auf die anderen Disziplinen angewandt werden). Ab diesem Zeitpunkt ist jeder Athlet sich selbst überlassen. Das kann das eine Mal nur fünf Minuten sein, das andere Mal aber 20 Minuten und mehr dauern. Zeiträume, in denen die Athlet in Kleingruppen flachsen oder sich allein in eine Ecke zurückziehen können – um sich zu sammeln oder sich grübelnd fragen, ob er/sie die Erwartungen erfüllen kann.

Eine weitere Möglichkeit ein solches Training bzw. einen solchen Leistungstest zu „verschärfen“, bestünde in der Möglichkeit die Einmaligkeit und die eventuellen Konsequenzen eines Wettkampfs noch mehr zu unterstreichen. Dabei wäre es denkbar, dass für den Athlet, der die eigene Prognose nicht erfüllt hat, beispielsweise das Training beendet ist oder er eine unangenehmere Arbeit wie Vereinsdienste übernehmen muss. Im Breitensportbereich oder wenn es sich um einen Einzelkämpfer ohne Gruppe handelt, könnte der Athlet am Abend auf sein „geliebtes“ Weißbier verzichten, wenn er die an sich selbst gestellten Erwartungen nicht erfüllt hat.

Egal welche Varianten man nun in der praktischen Umsetzung wählt, gelten einige Parameter, die bei Anwendung von (wettkampfnahem) Prognosetraining zu beachten sind. So sollte es nicht zu oft angewendet werden und nach jeder Ausführung muss das Ergebnis in einer gemeinsamen Aussprache analysiert werden. Nicht nur der Erfolg zählt, nein aus dem Verarbeiten von Misserfolg kann neue Motivation erwachsen, wie etwa: „... heut‘ war ich schlecht, aber beim nächsten Mal pack ich‘s bestimmt...“.

Das wettkampfnahe Prognosetraining stellt, wenn man so will, die entschärfte Version, die Generalprobe dar. Wenn hier „alle Dinge klappen“, dann dürfte unter den „scharfen“ Bedingungen des Wettkampfes auch nichts mehr schief gehen.

Die Anwendung der verschiedensten mentalen Trainingsformen im Jahresverlauf bieten sich natürlich für die Trainingseinheiten im und außerhalb des Wassers an. Warum nicht einmal einen „Swim & Run“ machen? Sprich aus dem gewohnten Trott ausbrechen, um hier – in quasi einer „Vorstufe des eigentlichen Schwimmwettkampfs“, denn für viele ist es eine ungewohnte und neue Situation – die Anwendung von Konzentration, Visualisierung und Prognose zu trainieren.

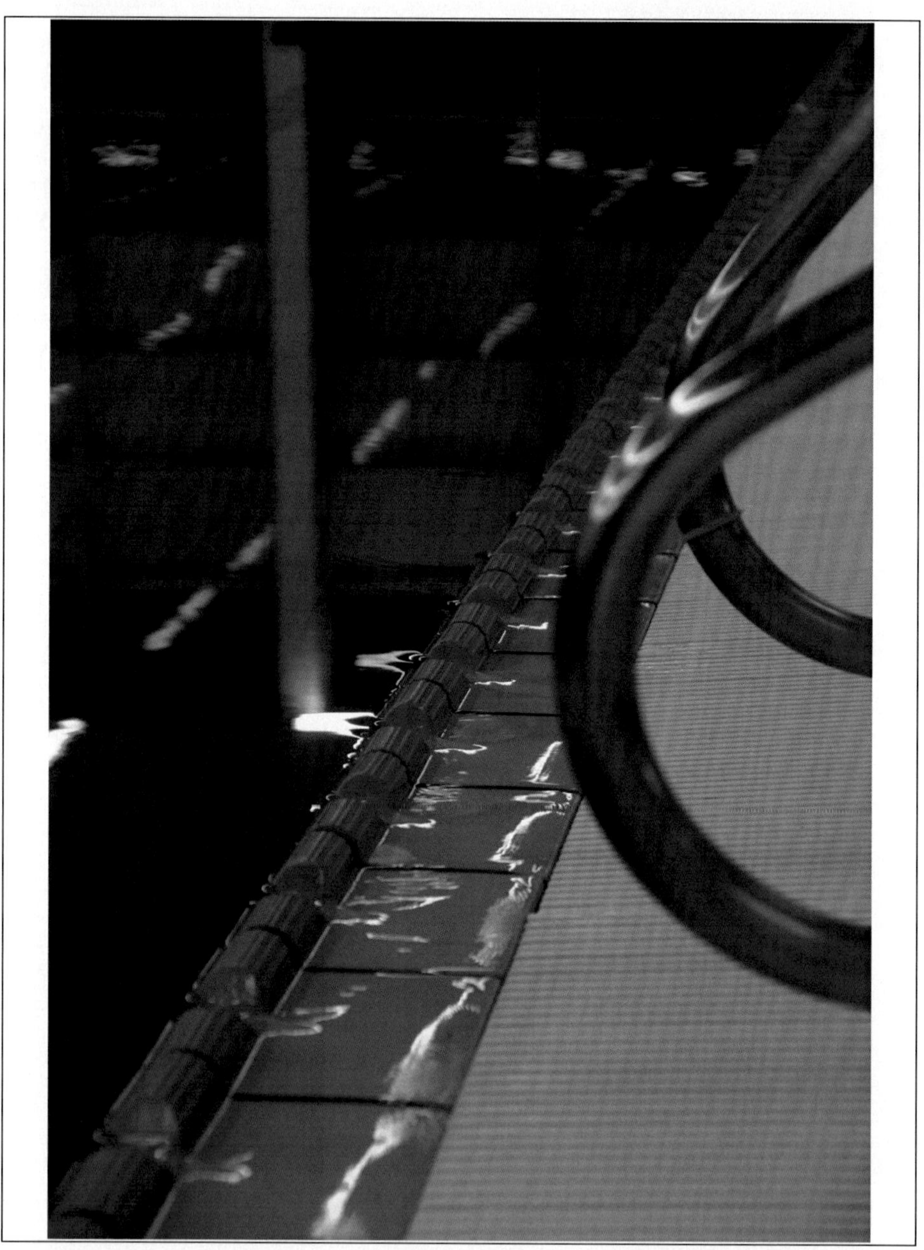

Bild 9. Ein Blick ins Wasser kann durchaus entspannen. (© Privat)

4 Entspannungsverfahren

Die Basis vieler Dinge ist die Fähigkeit sich auf sich besinnen und konzentrieren zu können und somit empfänglich für tiefgründige Prozesse zu sein.
Auch wenn sich der Ursprung der Techniken nicht im Sport, sondern im klinischen Bereich der Psychologie wiederfindet, so sind es zweifelsfrei Verfahren, deren sich ein Sportler bedienen sollte. Die Möglichkeiten und die Vielfalt sind groß und so werden auch viele verschiedene „Typen" bedient, in ihren Vorlieben und Arten sich entspannen zu wollen. Zu diesem breiten Spektrum gehören nicht nur wissenschaftlich fundierte Verfahren, sondern auch ganz alltägliche, „naive" Entspannungsverfahren. Die Nutzung von Musik, um sich zu entspannen ist dort genauso angesiedelt, wie ein Spaziergang durch den Wald oder das Betreiben von Sport oder künstlerischen Tätigkeiten. Zweifelsfrei denken ebenso viele bei Entspannung an einen Urlaub, dem Liegen im Whirlpool oder dem Relaxen am Strand.
Neben diesen Möglichkeiten hat die Therapieentwicklung weitere Verfahren zu Tage gefördert, welche dazu beitragen, dass Spannungslevel zu minimieren. Hierbei zählen die progressive Muskelentspannung nach Jacobsen, als körperübliche Methode (Jacobsen, 1990) und das Autogene Training, als autosuggestive Methode (Schultz, 1987) zu den beiden bekanntesten Vertretern.

Emotionale Ebene:

- Distanzierung,
- Ruhe und Wohlbefinden.

Kognitive Ebene:

- Lösung von zwanghaften Gedanken, Förderung der freien Assoziation,
- Abbau von angstauslösenden Attributionen in Bezug auf körperliche Beschwerden.

4.1 Wirksamkeit von Entspannungsverfahren

Es konnte in verschiedenen Verfahren nachgewiesen werden, dass es Verfahren gibt, die in verschiedenen Hinsichten eine Wirkung haben, die die Spannung sinken lässt. Messbar sind hierbei als Entspannungsreaktion eine gesenkte Atem- und Herzfrequenz sowie eine Förderung der Durchblutung in den Bereichen des peripheren Hautgefäßes und des Darmtraktes. Es zeigt sich ebenfalls, dass neben dem subjektiven Kontrollerleben auch die Konzentrationsfähigkeit und die Informationsaufnahme und -verarbeitung erhöht sind. Eine Veränderung der eigenen Bewertung bezüglich der Stressoren sind, wie auch die positive Stimmungslage, erzeugt durch die Ruhetöne, weitere, zu erkennende Faktoren (Alfermann & Stoll, 2016). Darüber hinaus ist festzuhalten, dass eine Senkung der Muskelspannung zu verzeichnen ist, welche unter anderem zu einer verbesserten Regeneration führt. Aber auch auf der emotionalen Ebene lassen sich Veränderungen hinsichtlich einer Ruhe und des Wohlbefindens ebenso aufzeigen, wie die Distanzierungsfähigkeit (Fritzsche et al., 2003). Neben diesen physiologischen Reaktionen auf die Entspannung können auch psychologische Effekte erzielt werden. Darüber hinaus können kovariate, personenbezogene und verfahrensbezogene Effekte beschrieben werden (Lutz, 1985). Kovariat steht in diesem Zusammenhang für die Verbesserung der Befindlichkeiten, wie beispielsweise die Reduktion von Angst. Als personenbezogenen Effekt beschreibt Lutz das Auseinandersetzen mit dem Erleben einer positiven Emotion und dem Wissen darüber, dass diese Emotion selbst herbeigeführt werden kann. Als weiteren positiven Effekt von Entspannungsverfahren kann abschließend, auf den verfahrensbezogenen Effekt, die Verbesserung der Fokussierung der Aufmerksamkeit verwiesen werden.

4.2 Möglichkeiten der Entspannung

Im Folgenden werden verschiedene Möglichkeiten an Entspannungsverfahren beschrieben. Im Umgang damit ist nochmals darauf hinzuweisen, dass eine sehr individuelle Auswahl nötig ist und jede dieser Übungen Training bedarf. Bei den wenigsten Menschen stellt sich eine Entspannungsreaktion schon nach dem ersten Versuch ein. Am Ball bleiben ist da die Devise! Klappt es auch nach mehreren Versuchen nicht oder ist ein ungutes Gefühl bei der Übung, macht es Sinn sich ein anderes Verfahren auszusuchen und damit es erneut zu probieren. Dies ist vor allem deswegen wichtig, da in den folgenden Kapiteln dieses Buches weitere Verfahren der Sportpsychologie vorgestellt werden, die eine höhere Effektivität aufweisen, wenn man sich in einem entspannten Zustand befindet. Entspannung ist bei weitem nicht alles, aber ein erster wichtiger Schritt.

Wir unterscheiden, wie schon beschrieben, zwischen den naiven und klinischen Entspannungsverfahren. Innerhalb der klinischen Varianten kann eine Unterkategorisierung zwischen sensorischen, imaginativen und kognitiven Verfahren vollzogen werden.
Zu den sensorischen Verfahren wird zum Beispiel die „Progressive Muskelentspannung" gezählt. Für die imaginativen Methoden wäre die Hypnose als ein Beispiel und für die kognitiven Verfahren das Autogene Training zu nennen (Petermann & Pätel, 2009).

Bei der Durchführung von Entspannungsverfahren bietet es sich an, bestimmte Voraussetzungen zu schaffen, um ein maximal optimiertes Ergebnis zu erhalten. Neben der Regelmäßigkeit sind konstant gehaltene Umgebungs- und Durchführungsbedingungen sinnvoll. Zu diesen Bedingungen zählen unter anderem:

- **Umgebung:**
Lärm und Außengeräusche vermeiden, Temperatur angenehm warmhalten und den Raum weder zu hell noch zu finster beleuchten; eventuell Kissen und Decken als Unterlage nutzen;
- **Kleidung:**
bequeme, nicht einengende Kleidung, z. B. Hosenknopf öffnen oder engen Gürtel lockern;
- **körperliche Bedingungen:**
vor der Übung auf die Toilette gehen; nach der systematischen Entspannung eines Körperteils, diesen nicht mehr bewegen, um eine Unterbrechung des Entspannungsgeschehens zu vermeiden; akuter Juckreiz stört die Entspannung;
- **Augen:**
möglichst schließen oder zumindest den Blick senken, z. B. auf die Knie (im Sitzen) oder auf die Nasenspitze (im Liegen) schauen

(Petermann & Pätel, 2009)

Abb. 4. Durchführungs- und Umgebungsbedingungen für Entspannungsverfahren.

Aufgrund der Vielzahl an Möglichkeiten Entspannung zu erreichen, wird in diesem Buch auf eine kleine Auswahl von Verfahren zurückgegriffen, um einen ersten Eindruck zu vermitteln. Es ist möglicherweise eine differenziertere Auseinandersetzung nötig, um das persönliche Training durchzuführen.

4.3 Klinische Entspannungsverfahren

4.3.1 Progressive Muskelentspannung (sensorisches Verfahren)

Dieses Entspannungsverfahren zielt darauf ab, eine Entspannung der quergestreiften Muskulatur zu erlangen, daher wird dies auch als Progressive Muskelrelaxation (PMR) bezeichnet. Nach Jacobsen (1990), auf den dieses Verfahren zurückgeht, sind es 3 Aspekte, die dieses Verfahren als fortschreitend bezeichnen. „Die Versuchsperson entspannt eine Gruppe von Muskeln, z. B. die Muskeln, die den rechten Arm beugen, von Minute zu Minute immer tiefer. Sie lernt, die wichtigsten Muskelgruppen des Körpers eine nach der anderen zu entspannen. Mit jeder Muskelgruppe werden gleichzeitig auch die Körperteile entspannt, mit denen bereits geübt wurde. Im Laufe des Trainings stellt sich nach meiner Erfahrung eine gewohnheitsmäßige Entspannung ein."

Durchführung

Grundsätzlich geht es dabei um das Anspannen verschiedener Muskelgruppierungen. Es bestehen viele Varianten, wie die Durchführung abläuft und welche Reihenfolge genutzt wird. Ebenso ist es für Beginner sinnvoll sich die Anweisungen als Ton wiedergeben zu lassen bzw. durch den Trainer vorlesen zu lassen. Erst in geübter Form, ist auch das eigenständige Durchführen sinnvoll.
Ein konkretes Vorgehen kann beispielweise so aussehen, dass sich der Athlet zunächst auf eine bestimmte Muskelgruppe konzentriert. Durch ein Signal über Tonspur oder Vorlesen des Trainers beispielsweise wird dem Sportler signalisiert, dass diese Muskelgruppe nun angespannt werden soll. Diese Spannung wird zwischen

5 und 7 Sekunden gehalten. Durch die Ansage vom Band oder dem Trainer wird dann die Aufforderung zur Lockerung gestellt. Dabei ist insbesondere auf den Unterschied zwischen angespannter und entspannter Muskulatur zu achten. Für Trainer eignet sich die progressive Muskelentspannung auch als Gruppenentspannungsmöglichkeit für die gesamte Mannschaft.
Eine grundsätzlich festgelegte Übungsreihenfolge enthält 13 Schritte, die durchlaufen werden. Hand, Unterarm, Oberarm, Stirn, Nasen-Augenregion, Mund-und Kieferbereich, Nacken und Hals, Schultern, Brust, oberer Rücken, Bauchmuskeln, Oberschenkel und Fuß.
Nach einem vollständigen Durchgang der einzelnen Partien, soll zunächst eine bewusste Wahrnehmung des Entspannungszustandes erfolgen, bevor langsam aus dem Zustand der Tiefenentspannung herausgeführt werden soll.

Im Folgenden wird exemplarisch eine Möglichkeit des Durchlaufs dargestellt:

15 Min. Kurztraining (nach Mayer, 2019)

JACOBSON-Entspannungstraining

Der Körper liegt locker und entspannt auf der Unterlage, Füße und Knie kippen auseinander. Die Ellbogen sind leicht angewinkelt. Die Finger liegen locker und gekrümmt auf der Unterlage. Atmen Sie ruhig und flach; beim Einatmen wölbt sich die Bauchdecke nach außen, beim Ausatmen fällt sie nach innen ein. Lassen Sie das Gesicht ganz entspannt werden: die Augen sind locker geschlossen oder halbgeschlossen; Zähne nicht aufeinanderbeißen, Lippen leicht geöffnet lassen. Entspannt jetzt jeweils auf Euer eigenes Stichwort! Die Anspannung erfolgt mit verschiedenen Intensitätsgraden und beginnt mit einer 100%-igen und verringert sich im Laufe der Anspannung auf 20% bevor eine vollkommende Entspannung ansteht.
Wir beginnen mit der RECHTEN HAND, und zwar Anspannungszustand 100, 80, 60, 40, 20 und jeweils auf Euer eigenes Stichwort hin entspannen. Ganz ruhig und gleichmäßig atmen, Bauchatmung machen. Und jetzt LINKE HAND zur Faust, Zustand 100, 80, 60, 40, 20, entspannen mit eigenem Stichwort. Flach atmen. Kiefer entspannen, Zähne auseinander, Lippen lockern, Augen leicht geschlossen halten.
Jetzt gehen wir zu den ELLBOGEN: FÄUSTE ballen, Ellbogen aufbeugen, dass man die Bizeps-muskeln spürt. Ruhig und flach atmen. Noch mal beide Fäuste ballen, Ellbogen beugen, Bizepse anspannen. Der übrige Körper bleibt locker und unbeteiligt. Bauchatmung machen, ruhig, flach atmen. Jetzt ARME strecken und die Hände fest auf die Unterlage drücken, ganz fest, so dass die Oberarme hinten angespannt werden. Ruhig atmen, Kiefer lockerlassen. Augenlider leicht geschlossen halten. Stirnhaut entspannen. Jetzt wieder nur Arme und Hände anspannen und fest auf die Unterlage drücken. Der übrige Körper bleibt unbeteiligt, Stirn entspannen, Bauchatmung machen.
Jetzt gehen wir zu den SCHULTERN:
Die Schultern fest nach hinten auf die Unterlage pressen, ruhig atmen. Schultern nach vorn zusammenziehen. Gleichmäßig atmen. Bauchdeckenatmung. Jetzt die Schultern einmal kräftig hochziehen bis an die Ohrläppchen. Der übrige Körper bleibt ganz unbeteiligt. Zähne öffnen, Augenlider locker geschlossen halten. Stirnhaut ist locker und entspannt.
Gehen wir jetzt zu den BEINEN. Die Füße zum Körper ziehen. Ruhig atmen, Gesicht entspannen. Jetzt die Zehen nach unten einkrallen, den Körper ganz locker und schwer liegen lassen. Jetzt die Fußspitzen, die Zehen vom Körper weg strecken, den übrigen Körper ganz locker und schwer liegen lassen. Jetzt die Füße von sich wegschieben als wollte man die Beine aus dem Körper herausschieben. Bauchatmung machen, Kiefer entspannen, Stirn ganz lockerlassen.
Und jetzt die BAUCHDECKE: Beide Beine gestreckt anheben und die Bauchdecke fest anspannen. Ruhig atmen und gleichmäßig, Zähne geöffnet, Stirn ganz entspannt lassen. Manchmal beide Beine anheben und die Bauchdecke spannen. Bauchatmung machen, Stichwort geben und immer wieder das Ruhebild innerlich vor Augen haben. Jetzt ein Hohlkreuz machen, d. h. auf Unterschenkel und Arme gestützt das Gesäß abheben. Bauchatmung machen, Kiefer locker, Stirn ganz entspannt.

Jetzt kommen wir zum KOPF: Kopf fest mit dem Nacken auf die Unterlage drücken. Flach, gleichmäßig atmen. Den Kopf auf die linke Schulter drücken, ganz festspannen. Auf die rechte Schulte drücken, gleichmäßig atmen, Kiefer lockern, Stirn ganz entspannt halten. Jetzt Kopf nach vorn fest auf die Brust drücken. Ruhebild einschalten gleichmäßig atmen. Jetzt einmal durch die Arme gehen, alles lockern, Schultern, Arme, Hände, Finger, Bauchatmung machen. Einmal die Beine in Gedanken durchgehen. Beim Einatmen die Bauchdecke nach außen wölben, beim Ausatmen nach innen einsinken lassen. Jetzt kommen wir zum GESICHT: Zähne kurz zusammenbeißen. Jetzt die Lippen spitzen, ganz straff den Mund zusammenziehen. Jetzt die Mundwinkel ganz breit auseinanderziehen, einen ganz breiten Mund machen ... und wieder das Ruhebild einschalten. ... Jetzt die Augenbrauen nach oben ziehen und die Stirn richtig anspannen. Die Augenbrauen runzeln, d. h. über der Nase zusammenziehen. Bauchatmung machen. Jetzt die Augen kurz aufreißen. Bauchatmung! Bei geschlossenen Augen die Augäpfel kurz nach links rollen ... immer wieder Ruhebild einschalten. ... Die Augäpfel kurz nach rechts rollen. Gleichmäßig atmen, Kiefer entspannen. Und das Stichwort oder das Ruhebild abrufen. Gleichmäßig atmen, das Stichwort wiederholen. Ruhebild einblenden.

Und wer jetzt aufhören möchte, zählt rückwärts von 4-1. Dann tief atmen, Augen auf, dann langsam aufsetzen.

4.3.2 Entspannungsort (imaginatives Verfahren)

Als ein imaginatives Verfahren ist der Entspannungsort eine Methode, bei der über die Vorstellungskraft ein Bild kreiert wird, welches der Person zu Entspannung verhilft.

Die entstandenen Bilder sind als Ruhebilder zu verstehen, bei dem mit dem Sportler eine Bild assoziiert wird, welches ihm/ihr ermöglicht ein ganz individuelles Bild maßzuschneidern.

Diese Kreierung des Bildes soll dabei unter Einberufung aller Sinne durchgeführt werden. Je intensiver sich in das Bild hereinversetzt wird, desto intensiver kann die Entspannung erlebt werden. Diese Methode kann ebenfalls mit Musik untermauert werden oder als Bestandteil einer anderen Entspannungsmethode genutzt werden. Wenn der Ort gut eingeübt wurde und es sich ein sicheres Bild herausgestellt hat, so benötigt das imaginative Entspannungsverfahren keine besondere Konzentrationsleistung (Margraf, 2009).

4.3.3 Autogenes Training (kognitives Verfahren)

Das Autogene Training entwickelte sich anfangs lediglich auf Grund der Unabhängigkeit von der Hypnose, mit dem Ziel eine Person dazu anzuleiten sich selbst in diesen Entspannungszustand zu behelfen (Schultz, 1987).

Genauere Ziele sind dabei unter anderem die Selbstentspannung, Selbstruhigstellung, Erholung mit Leistungssteigerung, Selbstregulierung von eher „unwillkürlichen“ Körperfunktionen und Selbstkontrolle (Lohmann, 1996). Es geht weiter aber auch um eine Förderung der Körperwahrnehmung und damit ein Vertrauen in den eigenen Körper, welches durch das Autogene Training gefördert werden soll (Doubrawa, 1992).

Durchführung des Autogenen Trainings

Für das Autogene Training bietet es sich an, für die Anfänge immer das gleiche Umgebungssetting für das Training zu nehmen, wie beispielsweise immer der gleiche Ort und die gleiche Uhrzeit.
Für einen Anfänger ist es ratsam, im Liegen die ersten Male die Übungen durchzuführen.
Grundsätzlich besteht das Autogene Training aus 6 konkreten Übungen zu verschiedenen Bereichen und einer Standardformel, die die Basis aller 6 Übungen darstellt. (Zaudig et al., 2003):

- Schwereübung = Muskelentspannung, z. B. „Der linke Arm wird ganz schwer";
- Wärmeübung = Muskelentspannung und Ruhe, z. B. „Der linke Arm ist ganz warm";
- Hauptkomponenten;
- Herzübung = z. B. „Das Herz schlägt ruhig und kräftig";
- Atemübung = z. B. „Atmung ruhig und regelmäßig";
- Stirnkühleübung = z. B. „Kopf frei und klar".

Die Übungen sollten nacheinander erlernt werden. Dabei ist mit der Schwereübung zu beginnen, bis diese einigermaßen beherrscht werden. Als nächsten Schritt ist dann die Erlernung der Wärmeübungen zielführend. Es bedarf hierbei eine hohe Motivation und ein Durchhaltevermögen, da sich die Effekte auch bei regelmäßiger Übung erst nach einigen Wochen einstellen können. Da nicht dran verzweifeln, sondern dranbleiben. Es lohnt sich!

4.4 Naive Entspannungsverfahren

Neben den wissenschaftlich verankerten und geprüften Verfahren, sind aber auch ganz einfache Entspannungsverfahren möglich, die in ihrer Wirkung den klinischen in Nichts nachstehen müssen.
Im Folgenden werden als Beispiele der naiven Entspannungsverfahren die Atmung, die Musik und das Tagträumen beschrieben.

4.4.1 Atmung

Das Regulieren und Beobachten der eigenen Atmung, kann bei korrekter Anwendung zu einem überaus entspannten Zustand führen.
Die korrekte Anwendung bedeutet hierbei nicht strickt nach einer bestimmten Vorgabe zu arbeiten, sondern ultraindividuell herauszufiltern, welche Art für einen Athlet selbst die beste ist.

Ein Beispiel zur Atementspannung könnte wie folgt aussehen:

Schritt 1:

Begebe Dich in eine angenehme Position. Du kannst sitzen oder liegen, wie es für Dich am angenehmsten ist. Wenn Du möchtest, schließe Deine Augen, um Dich vollständig auf Dich und Deine Atmung zu konzentrieren. Versuche den Kontakt zum Stuhl bzw. dem Boden zu spüren und Deinen Körper wahrzunehmen. Lege nun den Fokus Deiner Aufmerksamkeit auf Deinen Atem. Ohne Einfluss zu nehmen, lass ihn gleichmäßig und ganz ruhig fließen. Spüre oder schaue, wie sich Deine Bauchdecke entsprechend der Atmung bewegt, wie sie sich beim Einatmen senkt und beim Ausatmen hebt.

Schritt 2:

Lenke nun Deine ganze Aufmerksamkeit auf Deine Atmung und konzentriere Dich vollständig auf sie. Versuche keinen Einfluss auf Deine Atmung zu nehmen, sondern beobachte nur, wie die Luft ein- und ausgeht. Auch wenn Du gerade einen höheren Puls und dadurch eine schnellere Atmung hast, nimm sie so an, wie sie ist.

Schritt 3:

Zunächst wollen wir die Aufmerksamkeit auf das Einatmen richten. Hierzu konzentriere Dich nun für die nächsten Atemzüge auf Deine Luftaufnahme. Das Einatmen geschieht durch die Nase. Mach Dir bewusst, wie die Luft durch die Nase eindringt und versuche zu ergründen, wo Du den Luftzug zuerst bemerkst. Versuch den Weg der Luft, die Du einatmest zu verfolgen, nachdem sie über deine Nase aufgenommen wurde.
Wenn Du den Weg nachvollzogen hast, lenke Deine Konzentration wieder auf die gesamte Atmung, lass sie fließen und versuche sie nicht zu beeinflussen.

Schritt 4:

Nachdem Du Dich nun wieder vollends auf die gesamte Atmung konzentriert hast, richte Deine Aufmerksamkeit nun auf das Ausatmen. Mit jedem Ausatmen versuchst Du es so lange wie möglich auszukosten und ganz darin zu versinken, dass die Luft aus Deinem Körper weicht. Mit jedem Ausatmen werden auch alle Gedanken, die Dich umkreisen mit ausgeatmet und weggeschoben. Das Ausatmen entlastet Dich mehr und mehr und lässt Dich frei und entspannt wirken.

Schritt 5:

Abschließend nimm wieder die gesamte Atmung in Deinen Fokus. Atme ganz normal ein und aus. Lass die Konzentration noch ein paar Atemzüge nur bei dem Ein- und Ausatmen und dem Senken und Heben Deiner Bauchdecke.
Wenn Du bereit bist, kehre nun mit Deinen Gedanken und Deiner Aufmerksamkeit zur Realität zurück. Realisiere an welchem Ort Du bist, denke noch mal an Deinen Kontakt zum Stuhl oder Boden und nimm Deinen Körper in der Position, die Du hast, vollständig wahr.

Gib Deinem Körper nun einen Moment Zeit aus der Entspannung und der Atemkonzentration wieder in einen aktiveren Modus zurückzukehren. Wenn Du magst, recke Deine Arme und aktiviere Dich langsam wieder.
Abschließend versuche zu analysieren und für Dich zu reflektieren, wie sich Dein Atem über die Übung hin verhalten hat.

Du kannst Dir diese Anleitung vorlesen lassen von Deinem Trainer, Partner oder es Dir auch selbst einfach aufsprechen und bei Bedarf dann abspielen.
Diese Übung eignet sich auch im Gruppenrahmen. Hierbei muss nur für eine ungestörte Atmosphäre gesorgt werden, damit sich jeder Teilnehmer für sich in seiner Entspannung finden kann und nicht durch andere gestört wird.
Diese Übung kann ganz individuell angepasst werden. Beispielweise kann es auch so modifiziert werden, dass es kurz vorm Start dazu genutzt wird, mit jedem kräftigen Ausatmen, die unangenehme Nervosität auszupusten und beim Einatmen Kraft zu tanken. Dieses lässt sich auch schön in Vorstart-Rituale einbauen.

4.4.2 Musik

So unterschiedlich, wie der Musikgeschmack eines jeden ist, so unterschiedlich ist hierbei auch die Auswahl von Musiktiteln, die einem dazu verhelfen, sich in einen entspannten Modus zu bringen.
Musiktitel, die man in einer Wettkampfvorbereitung zum Entspannen nutzen möchte, sollten im Vorfeld gut ausgesucht werden und müssen ein deutliches Gefühl transportieren. Die Gefühle, die die Titel auslösen sollten, haben eine entspannende und „schwerelose" Wirkung. Sie schaffen es, die Gedanken für ein paar Minuten zu verdrängen und das „Fühlen" der Musik zu ermöglichen.
Wenn solche Titel gefunden sind, hört man diese am besten an einem etwas zurückgezogenen Ort, an dem man ungestört ist.
Nimm Dir Dein Handtuch mit, setz Dich in Ruhe hin und setz Dir mit den Kopfhörern das Eintauchen ins Entspannungsbecken auf. Fühle die Lieder, lass nicht zu, dass ein Gedanke diese entspannenden und freien Gefühle blockiert.

Was unsere deutschen Topathleten so hören?

Doppelweltmeister Florian Wellbrock hört zum Beispiel im Callroom folgende Lieder:

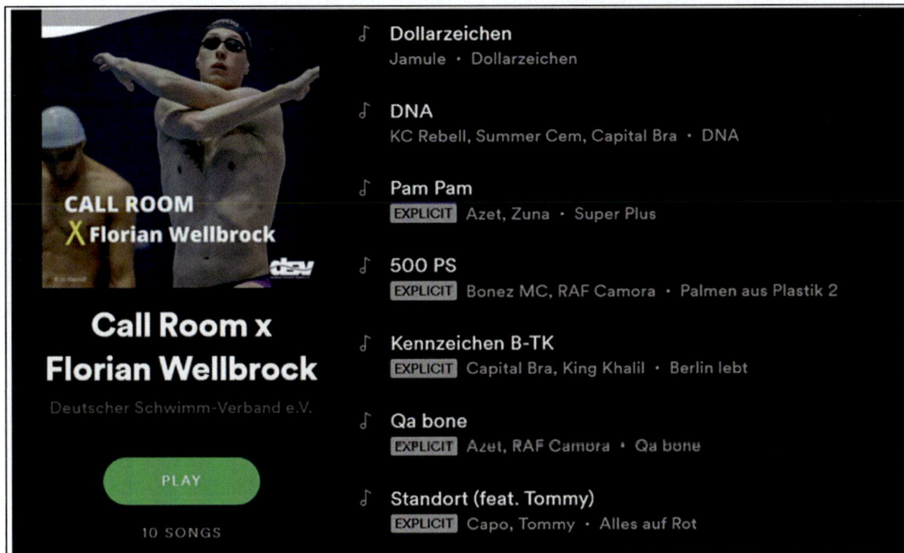

Bild 10. Spotify Playlist Florian Wellbrock. (© Spotify Deutscher Schwimm-Verband e. V.)

Jessica Steiger stimmt sich mit folgenden Liedern auf ihren Wettkampf ein:

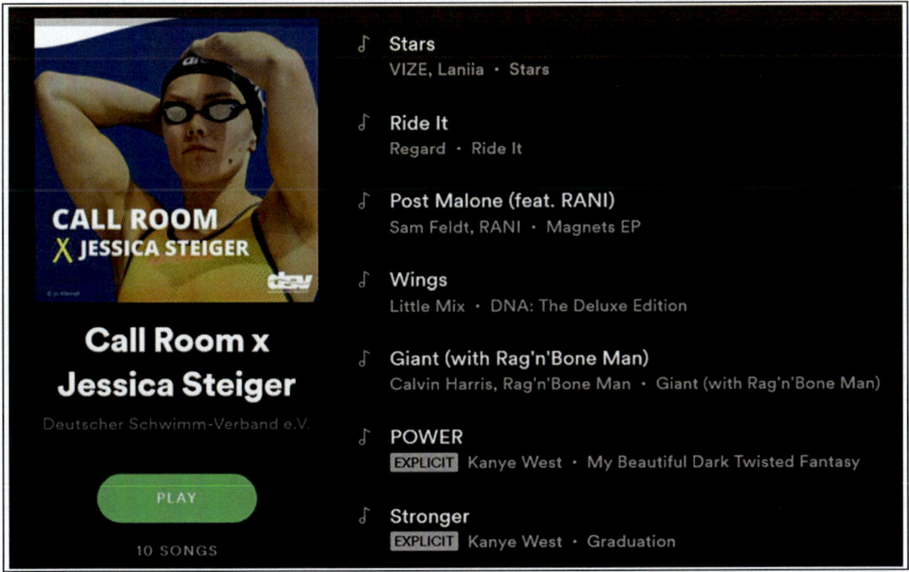

Bild 11. Playlist Jessica Steiger. (© Spotify Deutscher Schwimm-Verband e. V.)

Ein weiteres Beispiel:

Die eigene Wettkampfvorbereitung von Autorin Kathrin Seufert

Eine Schwimmerin hat ihr Finale auf den Deutschen Meisterschaften vor sich. Das Einschwimmen ist beendet und die Athletin hat sich den Wettkampfbadeanzug angezogen. Bevor die unmittelbare Wettkampfvorbereitung startet, möchte sie sich nochmal sammeln, ihre Nervosität abschütteln und dann mit vollem Fokus in die unmittelbare Wettkampfvorbereitung starten. Sie sucht sich in der Schwimmhalle des Europasportparks von Berlin eine der Säulen, an die sie sich lehnen kann und vom „Durchgangsverkehr" geschützt ist. Sie nimmt ihr Handtuch als Sitzkissen, setz die Kopfhörer auf und schaltet den MP3-Player an. Es ertönt das Lied „Summer Dreaming – Barcadi Feeling" von Kate Yanai. Mit den karibischen Klängen fühlte sie sich frei, könnte den Geruch von Kokos und Salzwasser aufnehmen und alle Gedanken und Sorgen um das bevorstehende Finale vergessen. Ein Nicken im Takt verstärkte das Gefühl, alle Sorgen loslassen zu können und bei den Trompetenklängen tankt sie Kraft für die bevorstehende Aufgabe. Die 3:39 min des Liedes haben gereicht, um sich schnell in einen entspannten Modus zu manövrieren und danach in den Vorbereitungen auf das Rennen zu starten.

4.4.3 Aufmerksamkeitsübung „Tagträumen"

Wie auch schon bei dem Beispiel aus der Musik, kann das Entfliehen in eine „Traumwelt" dabei helfen, einen Entspannungszustand zu erreichen. Dabei geht es darum, mit allen Sinnen diese Welt zu spüren, zu fühlen, zu schmecken und zu riechen. Alle Sinne müssen an dieser Reise beteiligt sein.
Bei dieser Form der Entspannung ist es in jedem Fall ebenso von Nöten, einen Raum aufzusuchen, der Ruhe und Ungestörtheit mitbringt. In dieser Atmosphäre gleitet der Athlet nach und nach in seine Traumwelt.
Ist es vielleicht ein Sandstrand, mit weichem warmem feinkörnigem Sand, der zwischen den Händen hindurchrieselt und es wundervoll nach dem Salz des Meeres riecht, die Sonne auf den Bauch strahlt und die Wärme meinen ganzen Körper durchdringt?
Oder sind es vielleicht die Berge? Die Bergspitze, an der der Schnee unter den Füßen knarrt, die Schneeflocken wie kleine Tropfen ein Kitzeln auf der Nase hervorrufen und ein leichter Wind die klare und frische Bergluft in die Lungen weht.
Die Geschichte beginnt irgendwo und wird dann frei, weiter und weiter und weiter fortgelebt. Alle Sinne und alle Umstände der Situation werden erfasst und die Gedanken treiben frei durch die Situation.

Diese Art der Entspannung eignet sich vor allem zum Ende des Tages hin oder nach harten Trainingseinheiten, in denen kein Zeitdruck herrscht und nach hinten heraus keine Termine anstehen, um den Fluss des Tagträumens nicht zu unterbrechen.
Als Entspannung direkt vor einem Wettkampf ist diese Übung eher weniger geeignet, da der Flow in den man durch diese Gedankenreise kommen kann, das Zeitgefühl

aussetzen kann und so möglicherweise die Zeit zur direkten Wettkampfvorbereitung zu kurz ist und die nötige Aktivierung für die bevorstehende körperliche Leistung fehlt.

4.5 Wann setze ich welche Art von Entspannungsverfahren ein?

Schauen wir uns hierzu den Nachwuchsschwimmer Frederik (15 Jahre) in Vorbereitung auf die Deutschen Jahrgangsmeisterschaften an (Hauptstrecke 100 m Freistil). Frederik ist schon Tage vor seinem entscheidenden Wettkampf aufgeregt und schläft die letzten Nächte schlecht. Zudem steigt seine Nervosität am Wettkampftag so stark an, dass er sich nicht mehr auf die wesentlichen Dinge fokussieren kann.

Gehen wir nun davon aus, dass die Ursache der skizzierten Schwierigkeiten in der Aktivierungsregulation liegt, stellt sich nun die Frage welches Verfahren zu welchem Zeitpunkt vor dem Wettkampf u. U. geeignet sein könnte.

Frederik kommt sehr gut mit der „Progressiven Muskelrelaxation" zurecht, so dass er dieses Tiefenentspannungsverfahren als „Einschlafhilfe" in den Tagen vor dem Wettkampf einsetzt. Am Wettkampftag selbst wendet er zunächst Atementspannungsübungen an, da er eine gewisse Spannung für einen guten Hunderter benötigt. Kurz vor dem Start arbeitet er mit Imagination, sprich er hat ein Bild von einem Strand vor seinem geistigen Auge. Dadurch gelingt es ihm die Aktivierung auf ein Niveau zu regulieren, welche für ihn persönlich optimal erscheint.

In diesem Beispiel wird noch einmal deutlich, dass es kein „Universalverfahren" gibt bzw. zu geben scheint.

4.6 Wie finde ich heraus was ich brauche?

Nun haben wir einige Möglichkeiten dargestellt, welche es ermöglichen, einen Zustand der Entspannung zu erreichen. Darüber hinaus an einigen Beispielen versucht zu zeigen, wie dies konkret in der Anwendung aussehen könnte.
Man könnte sich nun die Frage stellen, welches das Richtige für einen ganz persönlich ist. Diese Frage ist leicht zu beantworten: Du musst es ausprobieren.

Zunächst ist zu empfehlen sich die Methode vorzunehmen, die einem vom Lesen her am ehesten zusagt. Und dann heißt es probieren, probieren, probieren. Es wird nicht beim ersten und auch nicht beim zweiten Mal womöglich gleich perfekt funktionieren. Wichtig ist, mehr und mehr zu versuchen, sich auf die Entspannung einzulassen und störende Gedanken, die immer wieder einfließen zu verdrängen und sich auf die Übung vollends konzentrieren zu können.

Somit muss in einem längeren Prozess zum einen herausgefunden werden, mit welchem Verfahren ich gut zurechtkomme und zum anderen welcher Zeitpunkt für welches Verfahren am geeignetsten erscheint.

Ein Entspannungsverfahren zu erlernen ist Training. Daher ist es wie mit dem Erlernen neuer Techniken. Zu Beginn in einem einfachen Umfeld trainieren. Das könnte beispielsweise abends im Bett vor dem Schlafen gehen sein. Wenn das funktioniert, kann man es ins Schwimmtraining einbauen und nach einer normalen Einheit versuchen. Wenn auch das gelingt, nach und nach die Intensität steigern, bis man es in den Wettkampf einbauen kann und dort die Entspannung funktioniert. Wenn es mal bei der nächsten Stufe nicht funktioniert, nicht aufgeben. Das Umsetzen einer neuen Technik wird auch immer schwerer, je schneller ich schwimme!

5 Aufmerksamkeitsregulation und Gedächtnisprozesse

5.1 Grundlegendes

Trainerinformationen hier, Wassergefühl da, Geräuschkulisse dort, Nervosität... Viele Dinge kommen oftmals zusammen. Unser Gehirn besitzt allerdings nur eingeschränkte Verarbeitungskapazität. Es können nicht unendlich viele Reize gleichzeitig bewusst verarbeitet werden. Dazu nutzt das Gehirn eine Funktion, um die weniger relevanten von den relevanten Informationen zu trennen und damit die Entscheidung über die Aufmerksamkeit für das eine oder andere zu treffen. Fünf Sekunden hat eine Information Zeit, um Aufmerksamkeit zu erhalten, ehe sie bei nicht Beachtung verloren geht. Bei der Selektion spielen zum einen die Zuwendung zur Sache und die Selektion nach dem Faktor wichtig und unwichtig eine Rolle. Wenn etwas Neues als Reiz im Gehirn vernommen wird, bekommt es zunächst eine große Aufmerksamkeit. Hier siegt die Neugierde. Ebenso stark mit Aufmerksamkeit belegt sind Informationen, die mit Emotionen verbunden sind. So ist festzuhalten, dass Bedürfnisse, Interessen, Einstellungen und Motive eine große Rolle bei der Entstehung und der Verteilung von unserer Aufmerksamkeit spielen.

5.2 Formen der Aufmerksamkeit

Bei der Beschreibung von Aufmerksamkeit, müssen wir uns einer gewissen Differenzierung klarwerden. Die Aufmerksamkeit hat im Sport einen sehr hohen Stellenwert, da sie das situationsangemessene Handeln ermöglicht. Es geht folglich, um die Fähigkeit zwischen den verschiedenen Arten von Aufmerksamkeit schnell hin und her wechseln zu können.
Es gibt 4 Formen der Aufmerksamkeit (Eberspächer, 2012). Es wird zwischen internaler und externaler Aufmerksamkeit unterschieden. Hierbei differenzieren wir jeweils noch zwischen einer engen und einer weiten Form.

1. External-weit:

Hierbei geht es um die Einschätzung eines neuen Umfeldes und des „Lesens" von komplexen Situationen. Als Beispiel könnte hierfür ein Wettkampf in einem Schwimmbad sein, welches man bisher nicht kannte. Neue Wege, neues Becken, neue Abläufe usw. Hierbei ist also die external-weite Aufmerksamkeit wichtig, um gleichzeitig so viele neue Informationen wie möglich auszunehmen.

2. External-eng:

Bei dieser Form der Aufmerksamkeit geht es um die fokussierte Wahrnehmung einer Situation. Wenn etwas genau betrachtet werden muss, geht es um die Details dieser einzelnen Anforderung und somit um die enge externale Aufmerksamkeit. Ein Beispiel ist die Situation auf der Startbrücke mit dem kurz bevorstehenden Start. Die

Wahrnehmung darf in der Situation nicht mehr weit sein, da sonst alle Einflüsse auf mich einwirken würden und jeder einzelne Zuschauer, jede Kachel und jeder Gegner meine Gedanken durchlaufen würden, sondern muss eng gestrickt sein und damit bei mir und meiner Vorstartroutine bleiben.

3. Internal-weit:

Diese Form der Aufmerksamkeit ist eigentlich nichts anderes als eine Analyse der eigenen Befindlichkeiten. Und das ist natürlich wichtig, um sich überhaupt ein Bild machen zu können, wie es in einem Selbst überhaupt aussieht. Sich bewusstmachen, was im „Inneren“ los ist, muss mit dem Ergebnis es beschreiben zu können, das Ziel dieser Aufmerksamkeitsform sein. Das diese Art eine durchaus wichtige für jeden Sportler ist, wird relativ schnell klar. In sich zu hören, um auch mögliche Missstände aufzudecken und sie bestenfalls vor dem Wettkampf zu beheben, steht hierbei im Fokus dieser Aufmerksamkeitsform. Es geht hierbei, abgrenzend zur folgenden internal engen Aufmerksamkeit aber um ein eher allgemeines Bild eines Zustandes.

4. Internal-eng:

Bei der internal-engen Aufmerksamkeitsform ist die spezifische Fokussierung auf einen Punkt im inneren des Körpers Thema. Die Herangehensweise kann sich sowohl auf körperliche aber auch auf psychische Bereiche beziehen. Ein Brustschwimmer, der sich beispielsweise ganz spezifisch auf sein Knie besinnt, bemerkt hierbei einen Schmerz, der durch das Knie ausgelöst wird. Ein Beispiel für die psychischen Komponenten kann hierbei das Spüren von Angst sein, welches als konzentrierter Bereich durch den Sportler wahrgenommen wird und sich durch ein Zittern und Gedankenreisen äußert.

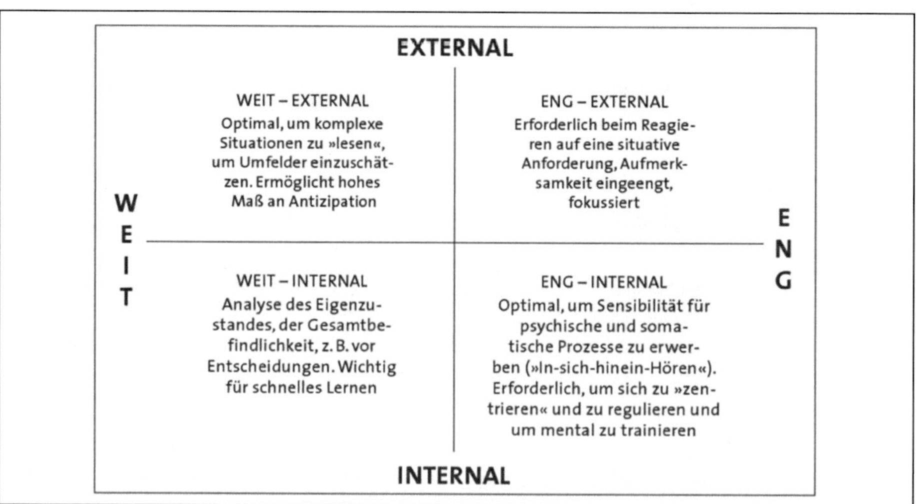

Abb. 5. Visualisierung der Aufmerksamkeitsvarianten (aus Eberspächer, 2012).

5.3 Die Aufmerksamkeit im Schwimmen richtig einsetzen

Es ist nicht immer leicht, die volle Aufmerksamkeit auf mich und meinen wichtigen Dingen zu belassen. So steht man vielleicht am Startblock, merkt wie die Nervosität in einem aufsteigt und beginnt nach rechts und links zu schauen. Was machen die Gegner? Neben mir ist der/die Schnellstgemeldete, auf der Bahn dahinten fehlt jemand, jetzt muss ich auf der blöden Bahn 8 schwimmen...
All diese Gedanken und Wahrnehmungen hindern uns daran, die volle Aufmerksamkeit bei uns zu lassen.
Dann sollte beispielweise der Sprinter für die 50 m seine volle Konzentration auf einen guten Start mit Übergang haben, um in das kurze Rennen optimal zu starten. Gelingt dies nicht und verlieren wir dort schon wertvolle Anteile unserer Aufmerksamkeit, kann die Aufgabe unter Umständen nicht mehr optimal erledigt werden.
Manchmal nimmt man durch die geteilte Aufmerksamkeit auch gar nicht mehr alles um einen herum wahr oder nicht mit allen Sinnen.
Also ist es ein wichtiger Punkt, dass man die begrenzten Kapazitäten nicht überstrapaziert, sondern sie kontrolliert und bewusst einsetzt.

5.4 Achtsamkeit als eine Form der Aufmerksamkeit

Die Achtsamkeit wird als eine Form der Aufmerksamkeit beschrieben. Hierbei geht es um eine Art der Konzentration, bei der man bewusst wahrnimmt, was im gegenwärtigen Moment ist, ohne es zu beurteilen. Ziel dabei ist es, ein kurzes Verweilen im Hier und Jetzt ohne die empfundenen Gefühle, Gedanke oder Wahrnehmungen zu bewerten. Oder einfach gesagt: Kopf aus und mit allen Sinnen den Moment wahrnehmen.
Warum das hilfreich sein kann? Durch das Achtsamkeitstraining erlernt man sich kurz vor dem „Showdown" sich in das Hier und Jetzt zu bringen, um alle Aufmerksamkeit bei sich zu bündeln. Daneben kann Ziel eines Aufmerksamkeitstrainings allerdings auch sein, automatisierte Verhaltensweisen aufzubrechen, um sie gegen wirksamere oder wohltuendere zu ersetzen. Doch auch bei Stress kann das Aufmerksamkeitstraining hilfreich sein. Durch die Wahrnehmung mit allen Sinnen und dem Urteilsfreien Aufnehmen, wird sich neu ausgerichtet und Dinge auch vielleicht im Nachhinein anders bewertet. Eine weitere Möglichkeit des Einsatzes ist das abendliche Herunterkommen nach einem stressigen, anstrengenden Tag. Es schafft ein Wohlbefinden, den Stress abzuschütteln, indem man sich ein paar Minuten Zeit nimmt und die Gedanken freilaufen lässt, einfach mal zu riechen, zu hören, zu schmecken und alles wertungsfrei auf sich wirken zu lassen. Gerade nach harten Trainingstagen oder einem Wettkampftag richtet das die Aufmerksamkeit wieder in neue Bahnen. Es ist sogar wissenschaftlich belegt, dass Achtsamkeit die Entstehung von Flow begünstigt. Gerade für Mittel- und Langstreckenschwimmer ist dies sicherlich ein interessanter Faktor. Neben dem Flow ist es die Konzentrationsleistungs-

fähigkeit durch das Training mit der Aufmerksamkeit geschult und verbessert wird. Durch das bewusste Wahrnehmen trainieren wir unseren Geist und schaffen es dadurch besser auf Dinge zu Konzentrieren oder eben auch diese Konzentration länger zu halten. Gerade für den Technikbereich und die Umsetzung ins Wasser kann diese Fähigkeit ja nur von Vorteil sein.
Ebenso von Vorteil ist es, dass das Training mit der Aufmerksamkeit einen Einfluss auf meine Emotionen haben kann. Durch das bewusste Wahrnehmen aber eben auch das bewusste nicht Bewerten von Situationen und Gedanken, hat das Aufmerksamkeitstraining Einfluss auf die Verarbeitung von negativen Emotionen und Gedanken. Es ist dadurch möglich, dass ich durch eine bewusste Steuerung, weil ich Herr/Frau meiner Sinne bin, diese negativen Vipes besser zu beeinflussen und eher Zugriff dazu er erhalten. Für das Aufmerksamkeitstraining gilt daher folgender Merksatz:

Merksatz: Bewusst wahrnehmen, wertfrei beobachten, keine Beurteilung des Wahrgenommenen, keine unmittelbare Absicht!

Eine konkrete Übung zum Training von Achtsamkeit:

Übung 1: Atemgewahrsein

Leg Dich auf bequem auf den Rücken oder setz Dich bequem hin.
Wenn Du möchtest, kannst Du die Augen für die Übung schließen.
Nun lenke Deine ganze Aufmerksamkeit auf Deinen Atem. Spür ganz genau, wie Du ein- und ausatmest.
Verfolge den ganzen Weg des Atems. Beim Einatmen strömt er zunächst durch deine Nase, fließt weiter in den Brustkorb und geht bis tief in deinen Bauch. Um es noch deutlicher zu spüren, kannst Du Deine Hände auf Deinen Bauch legen und die Bewegung auf und ab mit verfolgen.
Ebenso verfolgst Du das Ausatmen und spürst, wie sich Bauch und Brustkorb wieder senken.
Versuch die ganze Zeit mit Deinen Gedanken bei Deinem Atem zu bleiben! Wann immer Du bemerkst, dass Deine Gedanken abschweifen, lenk sie wieder zurück auf die Atmung. Bleibe mit Deinen Gedanken nur bei der Atmung, alles andere soll für den Moment aus dem Kopf verschwinden.
Diese Übung solltest Du täglich 5-10 Minuten (gerne auch länger) durchführen.
Was noch zu beachten ist:
Die Atmung solltest Du nicht kontrollieren und lenken. Sei eher ein Beobachter Deines Atems und spüre ihn, ohne ihn bewusst zu leiten.

Neben der beschriebenen Übung zur Achtsamkeit darf beim Thema Aufmerksamkeit auch nicht vergessen werden, darüber nachzudenken, dass man diese bei jeder einzelnen Trainingsminute und selbstverständlich auch im Wettkampf bestmöglich in voller Intensität bündelt.

Die schlechte Nachricht zuerst: Aufmerksamkeit ist nicht teilbar. Bleiben beim Training, die Gedanken an den Streit mit dem Partner präsent oder beim Job oder dem Studium, so kann das Training nicht mit der vollständigen Aufmerksamkeit ausgeführt werden. Und gerade im Schwimmen ist das schnell auffällig. Die Serie wurde vielleicht nur so runtergeschwommen, die Zeiten so gerade noch eingehalten oder der Fokus auf Technikdetails ist nicht präsent. Das was im Training möglicherweise noch ohne zunächst spürbare Konsequenzen bleibt, kann im Wettkampf schnell zur bitteren Realität werden. Bei sich zu bleiben und die Aufmerksamkeit auf das Rennen zu fokussieren ist dabei Ziel. Doch gibt es da auch ein kleines Aber... Zu verbissen, zu angespannt und zu verharrt, kann die Leistung ebenfalls nicht abgerufen werden. In Kapitel 8 werden wir auf diese Problematik noch mal detaillierter eingehen.

Übung 2: Radiomoderation/Drehbuch

Eine weitere Möglichkeit mit der vollen Aufmerksamkeit an eine Aufgabe heranzugehen ist die der Nutzung eines selbst erstellten Drehbuchs. Dieses soll den Zweck haben, zum einen Sicherheit für die Aufgabe zu schaffen, weil es dann bekannte Abläufe sind, die der Sportler vollzieht. Zum anderen hilft dies aber auch dabei, die Aufmerksamkeit bei der Aufgabe zu lassen, weil einzelne Punkte des Drehbuches abgearbeitet werden müssen. Gerade für Sportler, die sich gerne mal von dem Umfeld vor dem Start beispielsweise ablenken lassen, ist so ein Drehbuch für die Vorstartroutine eine super Möglichkeit.
Wichtigste Information hierfür zuerst. Ein Drehbuch entsteht durch einen intensiven Prozess von Sportpsychologe und Sportler und muss immer wieder hinterfragt und kritisch analysiert werden, damit es zum Ende eine Regieanweisung ist, die der Sportler überzeugt umsetzten kann. Dieses bedeutet also, dass ein Drehbuch in dieser Art einen langen gemeinsamen Prozess der Arbeit voraussetzt und eben auch eine ständige Überarbeitung und Aktualisierung miteinschließt.

Wie so eine finalisierte Form eines Drehbuchs für einen Schwimmer aussehen könnte, der es für den Ablauf vor dem Start nutzt, ist im Folgenden dargestellt:

1. Ich bin mit meinen Gedanken nur bei mir.
2. Hinsetzen im Vorstartbereich und 3x tief durchatmen.
3. Lockerungsübungen der Arme.
4. Aufsetzen der Brille.
5. 2x tief durchatmen.
6. Aufsetzen der Badekappe.
7. 2x tief durchatmen.
8. Trockenübung zum Bewegungsablauf.
9. Handtuch über den Kopf (Raum für mich allein) Konzentration auf die Atmung – Entspannen.
10. Handtuch weg, wach sein, Anspannung aufnehmen, positive Selbstinstruktion auf dem Weg zur Bahn.

11. Entkleiden und dabei Fokus auf den Startblock, Gedanken sind nur bei mir und meinem Rennen.
12. Power! Schläge auf die Brust zum finalen Wecken und meinem persönlichen Startschuss für MEIN Rennen.

5.5 Das Gedächtnis – Vom Kodieren und Enkodieren von Wahrnehmungsinhalten

Oder „was hat Gedächtnis eigentlich mit Schwimmen zu tun?".
Auf den ersten Blick ist das eine berechtigte Frage, nicht aber auf den zweiten Blick! Zum einen benötigen wir Gedächtnisinhalte, wenn wir Visualisieren, also bestimmte Ereignisse gedanklich vorwegnehmen wollen. Dazu müssen wir wissen, wie unser Gedächtnis arbeitet und wie man Informationen ablegt bzw. wieder abruft. Zum anderen benötigen wir Gedächtnisinhalte, wenn wir taktisch Handeln wollen. Bestimmte renntaktische Planungen hängen maßgeblich von Informationen ab, die wir in früheren Rennen oder in Trainingseinheiten gesammelt haben.

Unser Gedächtnis arbeitet eng mit den verschiedenen Aufmerksamkeitszuständen zusammen. Oder anders gesagt: Je nachdem, in welcher Phase der Aufmerksamkeitsregulation wir uns befinden, werden Informationen kodiert (abgespeichert) oder aber enkodiert (wieder aufgerufen). Ein frühes Gedächtnismodell behauptet, dass wir über mindestens drei (eher vier) verschiedene Arten von Gedächtnis verfügen. Erstens gibt es demzufolge das Ultrakurzzeitgedächtnis (das wäre vergleichbar mit dem, was Sie schon unter „selektiver Aufmerksamkeit" gehört haben). Hier werden Informationen nur Bruchteile von Sekunden behalten und je nachdem weiter in das Kurzzeitgedächtnis transportiert oder aber vergessen. Hier gelangen die Wahrnehmungsinhalte in ein sog. „Mittelzeitgedächtnis" und schließlich in das Langzeitgedächtnis, in dem Informationen ein Leben lang aufbewahrt und abgerufen werden können. Dieses Modell heißt aus diesem Grund auch „Multi-Speicher-Modell". Das Weitertransportieren von Wahrnehmungsinhalten von Speicherform zu Speicherform erfolgt diesem Modell zufolge über die einfache *sprachliche Wiederholung* dieser Inhalte. Hier erinnern Sie sich vielleicht noch daran, wie Sie früher einmal Vokabeln einer Fremdsprache gelernt haben. Dieses Modell behauptet, je öfter eine Information sprachlich wiederholt wird, desto weiter wird es von Speicherform zu Speicherform transportiert. Leider hat sich dieses Modell jedoch nur sehr unzureichend wissenschaftlich prüfen bzw. beweisen lassen. So schön einfach und zugänglich es auch ist und so sehr gerade Mediziner daran festhalten wollen, dass dieses Modell auch über physiologische Korrelate erklärt werden könnte, so schlecht lässt es sich faktisch nachweisen.

Neuere Modelle gehen davon aus, dass wir lediglich über zwei verschiedene Speichermodi verfügen (wahrscheinlich sogar nur über ein einziges). Der erste Speicher ist der Kurzzeitspeicher (indem in der Tat Selektionsvorgänge ablaufen). Der zweite Speicher ist der sogenannte „Arbeitsspeicher". Bei diesem Speicher handelt es sich

weniger um eine einzelne Speicherform, sondern vielmehr um ein ganzes Speichersystem, das verschiedenartige Informationen (visuelle, akustische, u. U. auch rein motorische) mit Hilfe von verschiedenen sog. „Schleifen" (Loops) kurz-, mittel- und langfristig kodiert und bei Bedarf auch wieder enkodiert. Eine Reihe verschiedener experimenteller Untersuchungen aus der Kognitionspsychologie können dieses Modell gut replizieren (auch wenn es dazu kaum physiologische Korrelate gibt). Für den Praktiker am interessantesten jedoch ist die Tatsache, dass nicht etwa das reine verbale Wiederholen von Informationen zu guten Gedächtnisleistungen führt, sondern es ist vielmehr die Art der Analyse der Information, die maßgeblich dafür verantwortlich ist, wie gut gelernt wird. Informationen, die den Weg ins Arbeitsgedächtnis gefunden haben, werden zum einen hinsichtlich seiner physikalischen Eigenschaften und andererseits auch semantisch analysiert. Am besten werden die Informationen behalten, die eine semantische Kodierung erhalten haben, also auch tiefergehend inhaltlich analysiert worden sind[2].
Nehmen wir an, dass Ihnen jemand, während eines 800 Meter Freistilrennens, vom Beckenrand etwas zeigt. So wäre die rein physikalische Analyse dieses Reizes, die Erkenntnis, dass es sich um eine Person handelt, die eine bestimmte Armbewegung am Beckenrand ausführt. Eine tiefergehende semantische Analyse führt Sie zu der Erkenntnis, dass dies eine bestimmte Armbewegung Ihres Trainers ist, die Ihnen eine spezifische Information zu Ihren Abständen zu den Athleten vor Ihnen gibt. Die zumeist erste rein physikalische Analyse des Wahrnehmungsinhaltes ist also eher oberflächlich, die zweite, semantische Analyse erfolgt – wie schon gesagt – auf einer tieferen Verarbeitungsebene. Diese Tatsache hat diesem Modell auch seinen Namen gegeben. Es wird auch als Verarbeitungstiefen-Modell bezeichnet.

5.6 ...und was hat das alles mit Schwimmen zu tun?

Die Beantwortung dieser Frage fällt nun wirklich nicht mehr schwer. Wir wissen nun, dass unsere Aufmerksamkeit bestimmten Kapazitätsgrenzen unterliegt, so dass wir im Wettkampf damit haushalten müssen. Wir können uns also nicht ständig auf alles und jeden „konzentrieren". Eine Form des „Haushaltens" ist es, sich im Vorfeld eines Wettkampfes mit Situationen, die in dem Rennen erwartet werden, zu beschäftigen. Wir können dann – nicht starr nach Plan, aber mit Hilfe eines Leitfadens – relativ schnell und ökonomisch unsere Aufmerksamkeit regulieren (Drehbuch). Zur Regulierung der Aufmerksamkeit müssen wir auf bestimmte Reize aus der Umgebung und unseres Körpers achten bzw. aus Erfahrungen aus dem Umgang mit solchen Reizen profitieren. Diese Information ist in unserem Gedächtnis abgelegt (zumeist in Form

2 Zusätzlich spielt auch noch die emotionale Bewertung eine große Rolle beim Kodieren und Enkodieren von Informationen. Dies wird z. B. in der Tatsache deutlich, dass Sie sich am besten an Ereignisse zurück erinnern können, in denen Ihre Emotionen sehr stark betroffen waren (z. B. Geburt Ihres ersten Kindes oder das erstmalige Finishen beim Marathon). Auf diesen Punkt werden wir noch in den Kapiteln 7 und 8 näher eingehen.

von sprachlich oder bildlich kodierten Symbolen). Diese Informationen müssen verlässlich abgelegt sein und schnell zur Verfügung stehen. Dabei hilft es, wenn diese Informationen im Vorfeld nicht nur oft wiederholt wurden, sondern eben auch semantisch analysiert worden sind. Daraus ergeben sich für den Bereich Aufmerksamkeit und Gedächtnis folgende Handlungsempfehlungen:

1. Werden Sie sich Ihren Aufmerksamkeitsregulationsmechanismen bewusst. Testen Sie im Training die vier verschiedenen Formen: *Eng – Weit – Internal* und *External* in allen möglichen Kombinationen.
2. Lassen Sie nach Ihrer Trainingseinheit diese Formen der Aufmerksamkeitsregulation nochmals gedanklich Revue passieren.
3. Lassen Sie sich vor Ihrem nächsten wichtigen Wettkampf frühzeitig Unterlagen zu kommen. Überlegen Sie, mit oder gegen wen Sie z. B. Wettkämpfen wollen. Beschäftigen Sie sich dann intensiv mit Details.
4. Schreiben Sie Ihr Aufmerksamkeitsregulations-Drehbuch. Bereiten Sie zwei oder drei Szenarien vor.
5. Reduzieren Sie nach mehrmaligem Durchlesen Ihres Drehbuches die relevanten Informationen auf wesentliche Schlagwörter, Symbole oder Bilder.
6. Steht Ihre „Programmierung“ fest, trainieren Sie mental. Entspannen Sie – absolvieren Sie nun gedanklich das Rennen, sprechen Sie Ihre Selbstinstruktionen zunächst laut, später dann leise (gedanklich) mit. Dabei spielt es keine Rolle, ob Sie genau so lang visualisieren, wie das Rennen dauert. Beschränken Sie sich auf die entscheidenden Punkte (sogenannte Knotenpunkte). Versuchen Sie zu spüren, was die Aufmerksamkeitsregulation in Ihnen auslöst und welche weiteren Informationen Sie erhalten werden. Entscheiden Sie in Gedanken, was Sie als nächstes tun werden.
7. Wiederholen Sie diese Programmierung 4- bis 5-mal vor dem Rennen.

5.7 Fazit: Erfolgreiches „Taktisches Denken und Verhalten“

Lassen Sie uns dieses Kapitel mit einer Kurzdiskussion zum Thema „Taktik“ abschließen. Dies bietet sich an dieser Stelle an, weil wir nun über wichtige Informationen verfügen, die uns helfen, Taktik zu verstehen, taktisches Denken zu erlernen und taktisches Verhalten umzusetzen. Dabei muss allerdings ein wenig auf nachfolgende Abschnitte vorgegriffen werden. Der Begriff Taktik wird in der Sportwissenschaft *„als ein System von Handlungsplänen und Entscheidungsalternativen verstanden, das Trainings- und Wettkampfverhalten so zu regulieren gestattet, dass ein optimaler sportlicher Erfolg möglich ist “* (Hohmann et al., 2002, S. 123).

Dabei sind die Handlungspläne mit den dazugehörigen Entscheidungsalternativen (verschiedene Szenarios) nichts anderes als Ihr Drehbuch mit seinen verschiedenen Alternativen (2 oder 3 Szenarios), die Sie sich für Ihre Wettkämpfe erarbeitet haben.

Um diese Handlungspläne zu gestalten, müssen Sie auf gespeicherte Wahrnehmungsinhalte, auf bereits erfahrene oder unter Umständen beobachtete Situationen zurückgreifen. Dabei sollten Sie möglichst flexibel mit den von Ihnen vorbereiteten Szenarios umgehen. Behandeln Sie die Informationen, die Sie für weitere Rennentscheidungen benötigen im Sinne von „Wenn-Dann-Feststellungen". Damit ist gemeint, dass Sie sich für jede im Wettkampf erwartete Situation verschiedene Lösungsszenarios überlegen (z. B., wenn Schwimmer XX schon zu Rennbeginn sehr schnell an Dir vorbeizieht, dann bleibe ruhig und kontrolliere Dein Tempo, versuche Ihn aber nicht aus dem Blickfeld verschwinden zu lassen).

Die Speicherung dieser Lösungsmöglichkeiten sollte möglichst über eine semantische Analyse der Informationen erfolgt sein. Hierbei helfen Visualisierungs- und Selbstkonfrontationstechniken. Über eine optimale Aufmerksamkeitsregulation können einerseits neu einströmende Wahrnehmungsinhalte mit bekannten bzw. geplanten Handlungsstrategien so kombiniert werden, dass ein optimales Handlungs- bzw. Rennergebnis herauskommt. Taktisches Denken bezeichnet also die besondere Fähigkeit des Sportlers im Wettkampf, eigene und fremde Entscheidungsalternativen und Handlungspläne aufeinander zu beziehen und situativ die für den eigenen Erfolg optimale Entscheidung zu treffen. Diese Fähigkeit kann man mit Hilfe der hier dargestellten Mentalen Trainingsformen gut entwickeln.

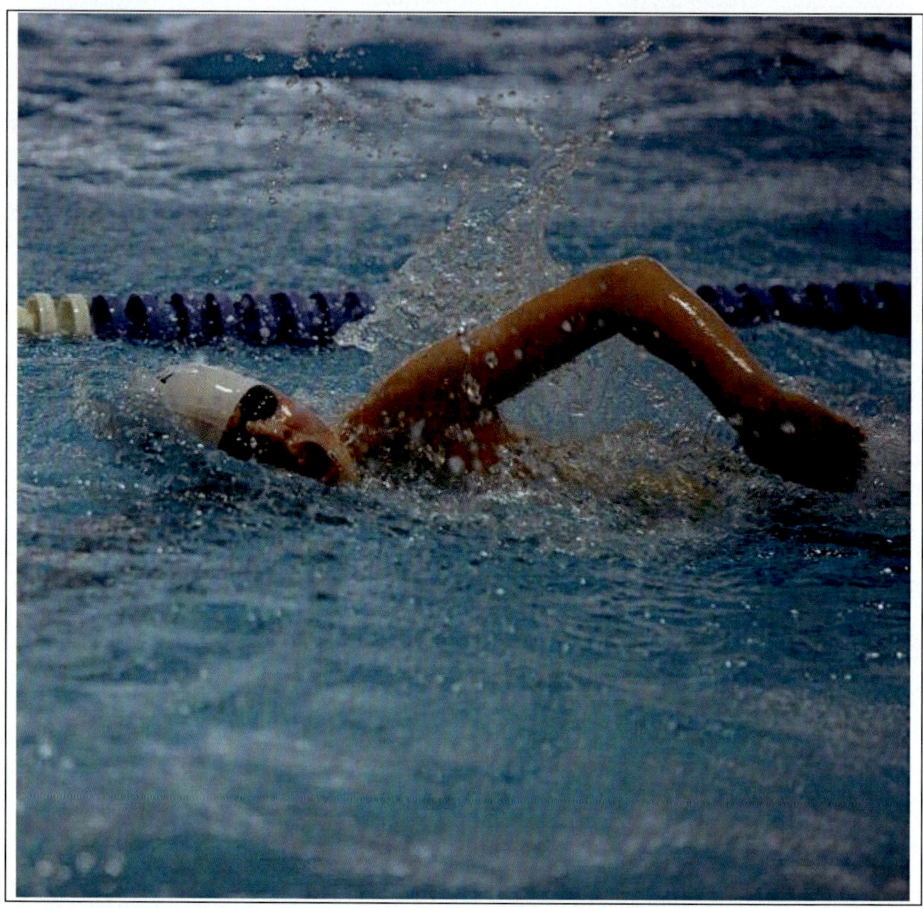

Bild 12. Gibt es Hinweise vom Trainer/der Trainerin am Beckenrand? (© Privat)

6 Visualisierung und Mentales Training

Viele, die sich mit der Sportpsychologie schon einmal auseinandergesetzt haben, werden den Begriff des mentalen Trainings schon mal gehört haben. Bei manchen geht es sogar so weit, dass sie mentales Training als die Sportpsychologie definieren. Dass diese aber viel mehr ist, dürfte in diesem Buch schon klargeworden sein und wird im weiteren Verlauf auch noch weiter verdeutlicht.
In diesem Kapitel soll es um das Visualisieren von Abläufen und dem mentalen Training an sich gehen.

6.1 Visualisierung

Zunächst wollen wir unsere Aufmerksamkeit auf das Visualisieren richten. Vielleicht hast du schon mal eine Situation erlebt, in der Du auf etwas ganz Neues getroffen bist. Du wusstest nicht genau, was auf Dich zukommen wird und was Dich erwartet. Und dennoch schwebt Dir vor Deinem geistigen Auge eine Idee vor, wie die Situation aussehen könnte. Nehmen wir dazu ein Beispiel:

Du hast eine neue Trainingsgruppe an Deinem neuen Wohnort, zu der Du morgen das erste Mal gehen wirst. Das Schwimmbad hast Du beim Vorbeifahren von außen schon sehen können und durch die Glasfassade schon einen kurzen Blick auf das Becken geworfen. Du stellst Dir nun vor, wie es sein wird, wenn Du die Eingangshalle betrittst und Du den Geruch von Chlor in der Nase verspürst. Vielleicht stellst Du Dir auch weiter vor, dass Du von einem gleichaltrigen Mann abgeholt wirst, der Dich mit breitem Grinsen und offener Haltung empfängt. Wie Du die Umkleide gezeigt bekommst, in Deinen Lieblingsbadeanzug steigst und dann durch die Dusche zum Becken läufst, mit voller Vorfreude ins kühle Nass zu springen.

So oder so ähnlich könnte eine ganz alltägliche Situation sein, in der wir uns etwas vorstellen und uns vor dem geistigen Auge visualisieren, um uns vorzubereiten und einzustellen.
Und das Interessante daran ist nun, dass sich diese reine Vorstellung und dieses Visualisieren einer Situation positiv auf den Verlauf auswirken können. Wenn wir in den Schwimmkontext als Wettkampfsport zurückgehen, kann das Visualisieren des anstehenden Wettkampfes ein viel stärkeres Bild erzeugen, als das bloße Wörter könnten. Denn bei der Technik des Visualisierens kommt es auf die Bilder an, die verbunden mit Emotionen, der Wahrnehmung unserer weiteren Sinnesmodalitäten, wie Gerüche oder unseren Tastsinn zu stark einprägsamen Verankerungen werden können. Und so lassen sich dann auch wirklich Bilder trainieren!

Was in der Realität nicht möglich ist, wie beispielsweise immer gegen dieselbe Person anzutreten oder ein und dasselbe Rennen immer und immer wieder zu schwimmen, ist durch das Visualisieren im Vergleich zur physischen Durchführung kein Problem. Aber diese Vorstellung einer Situation durch das Visualisieren bringt noch mehr Vorteile mit sich. Durch das Durchleben einer Situation wird der Geist angeregt, über mögliche Alternativen oder Hindernisse nachzudenken. Hierbei ist es ratsam, diesen kurz Aufmerksamkeit zu schenken, um eine Lösung bereit zu haben. Einer Überraschung, die negative Konsequenzen auf die Leistung haben kann, kann damit vorgebeugt werden.

Da das Visualisieren nicht nur als alleinige Methode sportpsychologische Trainings stehen kann, sondern auch eingebettet im „Mentalen Training" seinen Platz hat, macht es Sinn sich einmal anzuschauen, welche Formen der Visualisierung es überhaupt gibt. Nach dem Sportpsychologen Terry lassen sich die Visualisierungstechniken grundsätzlich in drei Kategorien unterteilen (Terry, 1989).

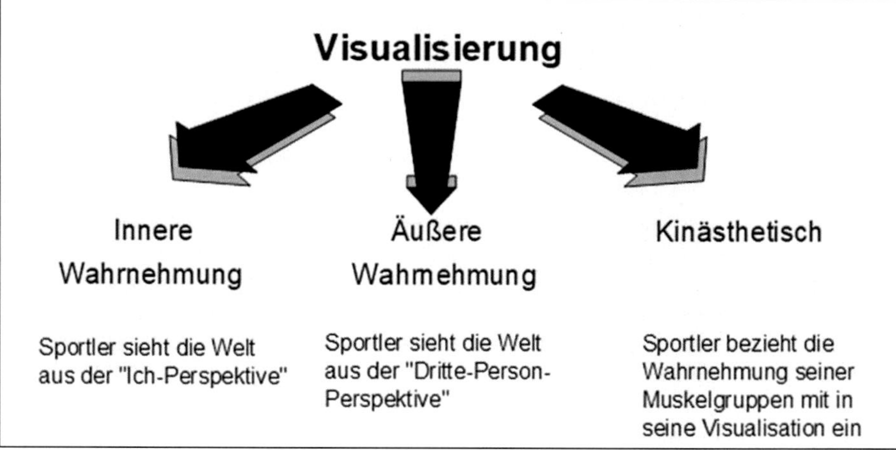

Abb. 6. Visualisierung und seine Formen (in Anlehnung an Terry, 1989).

Grundsätzlich ist das Visualisieren für jeden Schwimmer geeignet, d. h. vom Hobbyathleten, über den ambitionierten Sportler bis zum Leistungssportler. Jeder unterscheidet sich allerdings hinsichtlich seiner Fähigkeiten, visualisieren zu können. Die Unterscheidung bezieht sich hierbei auf die Details, die sich die jeweilige Person vorstellen kann. Während der eine sich eine Situation total lebendig mit allen Umgebungsvariablen und Emotionen durchleben kann, „sehen" andere nur ganz grob das Szenario und können es weniger mit Details ausschmücken. Doch keine Sorge: Wie so vieles, ist diese Fähigkeit auch erlernbar! Das Sprichwort „Übung macht den Meister" trifft hier vollkommen zu und es wird deutlich, dass sich durch das Praktizieren der Visualisierung die Detailtreue von Mal zu Mal verbessert. Denn das Durchleben und das immer wieder Wiederholen, wirken sich nicht nur positiv auf die Fähigkeit aus, sondern bringen einem Athleten zusätzlich Sicherheit, Selbstkontrolle und Selbstvertrauen.

Das Schönste ist, dass man für diese Technik nicht viel benötigt. Doch auf ein paar Rahmenbedingungen sollte man bei der Anwendung Acht geben:

1. Suche Dir eine ruhige Umgebung, in der Du Dich voll und ganz auf Dich konzentrieren kannst und keine Ablenkungen vorhanden sind.
2. Visualisiere so realistisch und konkret wie möglich. Male Deine Bilder in Farbe aus und sei auch bei den Kleinigkeiten sehr detailverliebt. Benutze auch all Deine Sinne für die Ausgestaltung Deines Vorstellungsbildes.
3. Versuche den Fokus und Deine Gedanken auf das Bild in Deiner Vorstellung zu lenken. Bestenfalls ist der Rest deines Körpers in einem entspannten Zustand und frei für das Visualisieren.
4. Übung macht den Meister. Dein Bild muss regelmäßig geübt und visualisiert werden.

Wie schon erwähnt, ist die Visualisierungstechnik eine großartige Technik, die die Voraussetzung hat, den Körper in einem entspannten Zustand zu wissen (vgl. Kap. 4). Darüber hinaus ist Visualisierung Teil des „Mentalen Trainings".

6.2 Mentales Training

Das Mentale Training als eine Übungsform wurde von Hans Eberspächer als „... das planmäßig wiederholte, bewusste Sich-Vorstellen einer sportlichen Handlung ohne deren gleichzeitige praktische Ausübung" beschrieben. (1995, S. 74, in Anlehnung an Volpert, 1977). Ein Schwimmer geht also ganz bewusst das Rennen im Kopf durch, ohne dabei wirklich im Becken zu sein und zu schwimmen. Eberspächer unterscheidet drei Möglichkeiten das Mentale Training durchzuführen (siehe Abb. 7).

1. Das Subvokale Training:

Bei dieser Form des Mentalen Trainings, sagt sich der Athlet die Bewegungsabläufe selbst vor. Diese Form des Mentalen Trainings entspricht einem Selbstgespräch. Dieses sollte entsprechend der Bewegung genauso lange dauern wie die Abläufe, die sich vorgesagt werden. Ebenso ist es empfehlenswert, die Worte, die man sich selbst vorsagt, an den Rhythmus der Bewegung anzupassen. Als Beispiel könnten wir uns ein 50 m Brust Rennen einer Frau zur Hilfe nehmen. Eine sehr gute Athletin benötigt etwa 31 Sekunden für die Strecke. Das Selbstgespräch sollte also knapp eine halbe Minute dauern. Dazu kommt beispielsweise der Atemrhythmus. Nach dem Start, Tauchzug, sind es noch eine bestimmte Anzahl an Armzügen und dementsprechende Anzahl an Atemvorgängen. Diese bewusst durchgehen und ins Selbstgespräch einbauen. Mit dem Anschlag mit beiden Händen an der Wand kann das Gespräch dann enden. Für den Einstieg in diese Form des Trainings eignet sich die subvokale Art für die meisten Sportler am besten.

2. Das Versteckte Wahrnehmungstraining (objektive Visualisierung):

Dabei versucht der Athlet sich vor seinem geistigen Auge den Bewegungsablauf vorzustellen. Dies ist vergleichbar mit dem Anschauen eines Videos oder Films über seine eigene Bewegung. Man sieht sich also von der Außenperspektive. Dieses kann, genau wie beim Film aus den verschiedensten Kameraeinstellungen passieren und auch von nah oder fern angesteuert werden. Dieses Training ist bedeutungsgleich mit dem Training über äußere Wahrnehmung bei Terry (1989).

3. *Ideomotorisches Training (subjektive Visualisierung)*

Diese Art des „Mentalen Trainings“ entspricht in etwa dem Training der inneren Wahrnehmung bei Terry. Im Gegensatz zum Betrachten aus der Außenperspektive, versucht der Sportler sich intensiv mit der Innenperspektive seiner Bewegung auseinanderzusetzen. Wichtig ist vor allen Dingen, dass man die Fähigkeit erlangt, sich wirklich in den Bewegungsvorgang und den damit verbundenen Prozessen und Wahrnehmungen hineinzuversetzen. Das bedeutet sich bestenfalls auch wieder aller Sinne zu bedienen. Rückenschwimmer werden es kennen, dass sie die Schwimmhallen an den Decken erkennen und die eine sich besser eignet als die andere. Die Schwimmhalle in Sindelfingen zum Beispiel hat eine Decke, die nicht parallel zum Becken ist, sondern wie ein Bogen drüber verläuft. So ein Detail, wäre hierbei neben den Gerüchen und den besonderen Gegebenheiten des Rennens wichtig. Was für Startblöcke, welche Anschlagmatten, welche Leinen und und und...

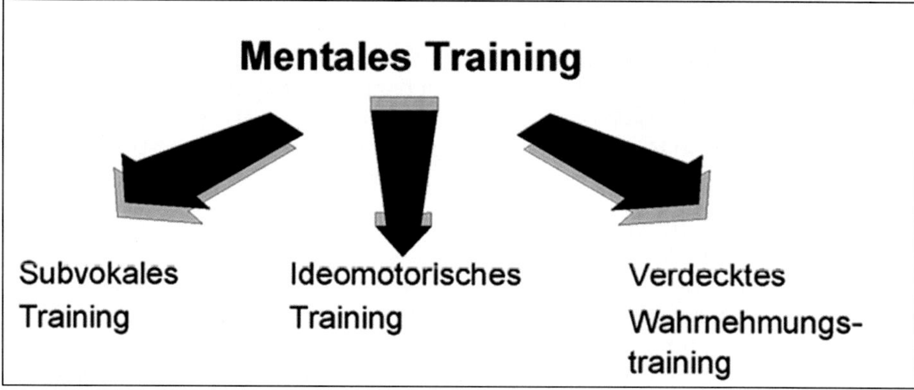

Abb. 7. „Mentales Training“ nach Eberspächer (1995).

Schaut man sich die Ausführungen von Eberspächer und Terry an, so fällt beim ersten Blick kaum ein Unterschied auf. Oder anders gesagt, was Eberspächer unter „Mentalem Training“ versteht, ist weitestgehend im Visualisierungsbegriff von Terry enthalten. Diese kurzen theoretischen Ausführungen sollten nur dazu beitragen, dass im Alltagsverständnis und im Gespräch zwischen Schwimmern zu diesem Thema darauf geachtet werden sollte, worüber man sich austauscht.

Eberspächer Ausführungen sind insofern etwas detaillierter, da er mit seinem Modell gleich Trainingsempfehlungen verknüpft: So empfiehlt er für Sportler gerade zu Beginn, um den Einstieg in das Mentale Training zu erleichtern, wie schon erwähnt, sich mit dem „Subvokalen Training“ zu befassen. Es bietet zunächst einmal einen guten

Einstieg, da sich das „Ideomotorische Training“ sowie das „Verdeckte Wahrnehmungstraining“ als komplexer darstellen und einige Vorerfahrung benötigt wird, bis sie effizient eingesetzt werden können. Ziel des Mentalen Trainings ist die Fähigkeit zu erlernen, sich in einen psychischen Zustand zu versetzen, der es dem Schwimmer ermöglicht, unter allen Bedingungen sich seine eigenen realistischen Leistungsziele vorzustellen und so entfalten zu können. Aber damit wird aus einem ambitionierten Hobbyschwimmer nicht sofort ein Weltmeister.
Der Einsatz dieser Techniken ist in anderen Bereichen auch unter dem Begriff „Modelling“ bekannt. In diesem Zusammenhang werden Visualisierungstechniken oft in der Rehabilitation benutzt, um Heilungsverläufe zu beschleunigen.

6.3 Wann ist Mentales Training sinnvoll?

„Mentales Training“ zu üben und auszuführen ist nur unter bestimmten Bedingungen sinnvoll und effizient. Damit „Mentales Trainieren“ den gewünschten Erfolg zeigt, müssen bestimmte Voraussetzungen vorliegen. Es sind die Rahmenbedingungen und Ausgangspunkte, die darüber entscheiden, ob das Mentale Training am Ende sein Ziel erreichen kann oder nicht. Diese Spielregeln machen es am Ende aus, ob ich das Maximale aus den Möglichkeiten dieses Trainings schöpfe oder nicht:
„Spielregeln“ des Mentalen Trainings:

1. Bevor ich mit dem Mentalen Training beginne, muss mein Kopf komplett „frei“ sein. Das heißt, ich bin in einem entspannten Zustand, der es mir ermöglicht, störende Gedanken beiseiteschieben zu können, mich nicht ablenken zu lassen und mich voll und ganz auf das kognitive Training einzulassen. Welche Methoden da für mich die richtigen sind, kann ich nur erproben. Die Vielzahl an Möglichkeiten haben wir in Kapitel 4 Entspannungsverfahren ja schon dargeboten.

2. Für das Mentale Training ist es von Vorteil, wenn man die Bewegung(en), die man sich vorstellen möchte, durch eine gewisse Eigenerfahrung schon beherrscht. Sollte nämlich nur eine vage Vorstellung des Bewegungsablaufes bestehen, ist es sogar möglich, dass sich ein falsches Bild „einbrennt“ und das Umlernen auf die richtige Ausführung das Training erschwert. Sollte das Ziel noch nicht genau bekannt sein oder haben Sie nur eine vage Vorstellung von der zu lösenden Aufgabe, dann ist es sehr schwierig, mit Visualisierungstechniken zu arbeiten, weil man die Bewegung noch nicht gut beherrscht, und weiterhin können Sie sich mit Vorstellungstechniken so stark mit der Aufgabe identifizieren, dass Sie übermotiviert in ein Rennen gehen und dann Gefahr laufen zu überziehen.

3. Damit hängt natürlich eng zusammen, dass die Bewegungsvorstellung sich nur an real zu erreichenden Zielen orientieren darf. Ein 100 m Freistil-Schwimmer auf mittlerem Niveau (männlich), der Vorstellungstechniken auf eine Zeit unter 50 Sekunden hin nutzt, läuft Gefahr, im Wettkampf zu überziehen und eine bittere Enttäuschung hinnehmen zu müssen.

4. Die besten Ergebnisse werden erreicht, wenn Mentales Training zusammen bzw. in Abwechslung mit motorischem Training ausgeübt wird, das heißt Wasser und Vorstellungstraining in Kombination. Für den Schwimmer bedeutet das, nach dem Wassertraining und einer bestimmten Serie mit wettkampfrelevanten Strecken, diese im Nachgang auch noch mal visuell zu trainieren. Hierfür sollten wichtige Eckpunkte der Strecke, wie beispielsweise der Start, die Unterwasserphase oder die Wende bewusst eingebaut werden.

5. Und eben für diese Visualisierung ist es wichtig, dass man eine ausgeprägt lebhafte Vorstellungskraft entwickelt. Hierbei, wie schon erwähnt, ist das Einbringen aller Sinnesmodalitäten ein entscheidender Faktor. Visualisierung kann demnach so weit gehen, dass man während der Ausführung von Mentalem Training entsprechende Gefühle, wie beispielsweise das Druckgefühl auf den Händen bei der Unterwasserphase, bestimmte Gerüche oder besondere Geräusche wiedererkennt.

6. Auch beim Mentalen Training können Störungen auftreten. Es kann während der Ausübung von Mentalen Training dazu kommen, dass man in der Bewegung „hängenbleibt" oder bestimmte, wichtige Bewegungsphasen überspringt. Vorkommen kann auch, dass sich bestimmte Bewegungssequenzen ständig wiederholen oder man die Vorstellung einfach verliert und beginnt, an etwas Anderes zu denken. In diesem Fall ist es wichtig das Mentalen Training mit verbalen Selbstinstruktionen zu unterstützten. Aus diesem Grund sei noch mal darauf hingewiesen: Anfänger sollten zunächst mit dem subvokalen Training beginnen und erst mit einiger Übung zum verdeckten Wahrnehmungstraining oder dem ideomotorischen Training übergehen.

Beim Schwimmen kann das Mentale Training in mehreren Hinsichten praktisch eingesetzt werden. Beispielsweise ist es gut denkbar, dieses Verfahren im Rahmen der Technikoptimierung und Technikumstellung einzusetzen. Aber auch für den taktischen Bereich kann das Mentale Training sinnvoll genutzt werden. Beispielsweise könnte so ein Langstreckenschwimmer seine vorgenommenen Zwischenzeiten geistig trainieren.

6.4 Lernstufen des Mentalen Trainings

Und wie setzte ich das nun für mich ein?

Hans Eberspächer hat für die Erlernung des Mentalen Trainings 4 Stufen beschrieben, die für den Aufbau dieser Technik durchlaufen werden sollen. Wir wollen hierfür einen schwimmspezifischen Ablauf darstellen.

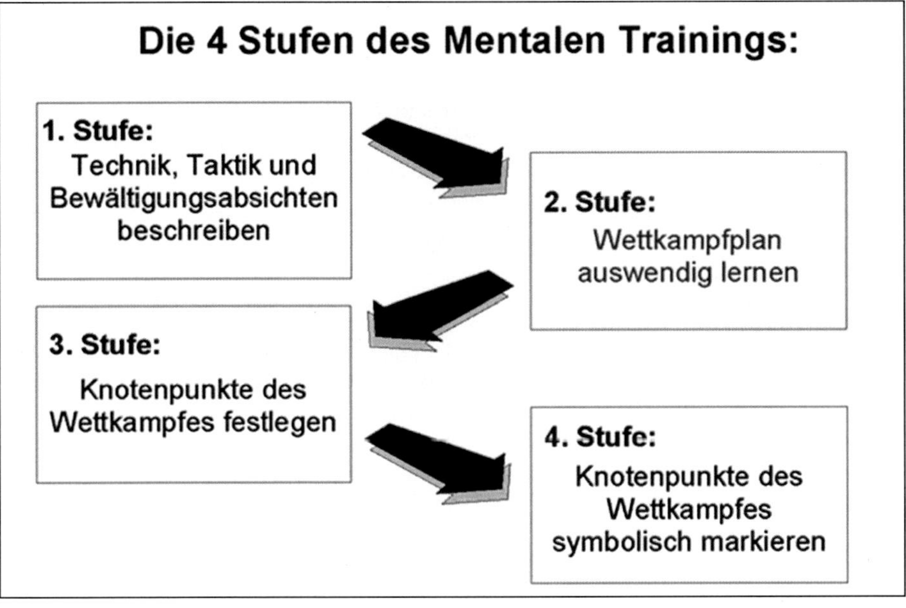

Abb. 0. Die 4 Stufen des Mentalen Trainings (modifiziert nach Eberspächer, 1995).

Step 1:

(a)

Zu Beginn des Mentalen Trainings geht es darum, die Bewegung(en), die man mit dieser Technik trainieren möchte, zu beschreiben. Hierbei geht es, wie schon mehrfach erwähnt, um eine möglichst detaillierte Beschreibung, die alle Sinne mit einbezieht und ganz individuell erstellt und sich „real" anfühlt. Es ist dabei hilfreich diese Beschreibung zu verschriftlichen. Diese Aufzeichnung kann durch den Trainer beispielsweise „kontrolliert" werden und man kann somit vor der intensiven Arbeit einen Abgleich herstellen, mit der Außen- und Innenwahrnehmung und bei Technikinhalten zum Beispiel, die korrekte Auffassung durch den Trainer bestätigen lassen bzw. Fehler korrigieren.

(b)

Neben der Kontrolle durch den Trainer, besteht die Möglichkeit die Bewegungsbeschreibung durch Videobeobachtungen zu konkretisieren und zu ergänzen, aber auch zu differenzieren. Hierbei besteht die Option des Vergleiches mit der objektiven Außenperspektive unter zur Hilfenahme von Videoaufzeichnungen aus verschiedenen Perspektiven, um an alles bei der Bewegungsbeschreibung zu denken. Ziel muss das maximale Einfühlen in die Aufnahmen sein, um alle Aspekte der Bewegung aufzufassen und verschriftlichen zu können.

(c)

Und dann ist die praktische Durchführung der nächste Schritt, um wirklich alle Elemente der Bewegung für die Beschreibung zusammen zu haben. Dabei wäre die beste Variante möglichst viele kinästhetische Bewegungsinformationen einfließen zu lassen. Des Weiteren kann es überaus hilfreich sein einige Fragen einzubauen, die die Bewegung hinterfragen. Beispielfragen dazu sind:

- Was war besonders gut?
- Woran hast du bemerkt, dass die Bewegung gut ausgeführt wurde?
- Was hast du dabei gefühlt?

Zur Verstärkung der Wahrnehmung der komplexen Bewegungsabläufe gibt es zusätzlich verschiedene Modifizierungsmöglichkeiten, um eine Verstärkung der Wahrnehmung zu erzielen. Die erste Variante ist die Wahrnehmung an sich zu verändern, in dem man beispielsweise die Bewegung mit geschlossenen Augen durchführt. Eine zweite Variante ist die Veränderung der Bewegungsmodalitäten, indem die Ausführungsgeschwindigkeit verändert wird und damit die Bewegung deutlich schneller oder langsamer ausgeführt wird. Und dann die dritte Veränderungsmodifikation die Umwelt. Hierbei wird die Bewegungsausführung beispielsweise an unterschiedliche Trainingsstätten verlegt und dort identifiziert, inwiefern die Bewegung sich verändert oder welche wichtigen Aspekte in der Beschreibung vergessen wurden.
Bei jeglichem Abgleich mit Außenperspektiven und Trainermeinungen zu dem Bewegungsablauf eines Sportlers und seiner Bewegungsbeschreibung spricht immer der Athlet zuerst und führt seine Bewegungsbeschreibung und Verbesserungspotential aus, bevor Trainer oder andere aus der Außenperspektive dies tun.

Step 2:

Diese Bewegungs- und Ausführungsbeschreibung wird dann auswendig gelernt, damit der Sportler in der Lage ist, sich diesen Bewegungsablauf subvokal, also per Selbstgespräch zu vergegenwärtigen.

Step 3:

In diesem Schritt geht es darum Knotenpunkte der Bewegungen zu erarbeiten und diese in eine Rhythmisierung zu bringen, um diese dann trainieren zu können. Das bedeutet, dass die wichtigsten Stellen der Bewegung besonders hervorgehoben werden sollen.
Nehmen wir das Beispiel des Startsprungs:
Die Bewegungsbeschreibung müsste in einer ausführlichen Form mit dem Besteigen des Blockes beginnen und endet mit dem Abdruck des vorderen Fußes von der Blockkante. Dabei gibt es bekannter Weise dazwischen noch einige andere Punkte, die dazugehören. Wenn man nun aber Knotenpunkte erarbeiten soll, dann könnten diese beispielsweise wie folgt aussehen:

- Sicheren Stand mit beiden Füßen in Schrittstellung auf dem Block;
- Vorbeugen und Griff an die Unterkante des Blocks;

- Spannung aufnehmen;
- Mit dem Startpfiff alle Energie aus der Spannung in die Vorwärtsbewegung bringen und mit hoher Kraft und Körperspannung in einem guten Bogen ins Wasser eintauchen.
- Arme und Beine gehen durch dasselbe „Loch“ im Wasser.

Wenn die Knotenpunkte festgelegt wurden, müssen daraus die relevanten Stellen hervorgehoben werden, um die Beschreibung weiter zu reduzieren. Diese herausgearbeiteten relevanten Stellen, müssen dann in einem weiteren Schritt auf kurze Schlagworte reduziert werden.
Wenn wir uns dafür noch mal unserem Beispiel des Bewegungsablaufes mit dem Startsprung zuwenden, so könnten unsere Schlagworte wie folgt lauten:

- Steh,
- Bück,
- Energie,
- Feuer,
- Verschwinden.

Zuletzt ist es dann die Aufgabe, diese Schlagworte dem Rhythmus der Bewegung anzupassen. Je nachdem wie lange oder intensiv ein Teil der Bewegung ist, dementsprechend spreche ich diese Schlagworte aus und passe sie dem Bewegungsrhythmus an:

Steeeeeh, Büüück, ENERGIE, *Feuer* und *Verschwinden.*

Wenn all dies erarbeitet wurde, ist ein letzter Schritt die Überprüfung der zeitlichen Äquivalenz von vorgestellter und praktisch durchgeführter Bewegung. Als Sportler messe ich also, wie lange im Durchschnitt die Pfiffe des Schiedsrichters mit der Aufforderung zum Besteigen des Startblockes über den Startpfiff bis zum Eintauchen und Verschwinden im Wasser dauert. Entsprechend dieser Zeit muss die Bewegungsvorstellung ebenfalls angepasst sein. Dauert die Bewegung in etwa 9-10 Sekunden, muss überprüft werden, ob mit den gebildeten Knotenpunkten und Schlagworten, diese Zeit gefüllt ist oder aber auch, ob es nicht machbar ist, mit der vorgestellten Rhythmisierung die Bewegung innerhalb dieses Zeitfensters durchzuführen. Final muss eine letzte Prüfung der Qualität der Bewegungsvorstellung angestrebt werden, die sicherstellen soll, dass im späteren Mentalen Training auch wirklich lern- oder leistungsoptimierende Inhalte sich vorgestellt werden. Denn es muss genauso beachtet werden, dass unvollständige oder fehlerhafte Vorstellungsinhalte sich kontraproduktiv auswirken können.

Step 4:

Hier ist nun das Mentale Training an sich gefragt. Das bedeutet das intensive Nachvollziehen der Bewegungsbeschreibung mit den erarbeiteten Knotenpunkten und Schlagwörtern. Bestenfalls wird das Mentale Training als Ritual in das Schwimm-

oder Landtraining integriert und/oder bekommt einen bestimmten Platz im Tagesablauf. Zu beachten ist, dass die Bewegungsvorstellung immer auf dem aktuellen Fähigkeitsniveau gehalten werden muss und bei veränderten Bedingungen beispielsweise die Bewegungsbeschreibung inklusive der Knotenpunkte und Schlagworte angepasst werden muss.

Ein kleiner Tipp: Mentales Training direkt vorm Einschlafen ist besonders effektiv!

6.5 Mentales Trainieren

Ein mentales Trainingsprogramm für einen ganzen Wettkampf oder ein bestimmtes Rennen könnte folgende Schritte aufweisen:

Wählen Sie sich einen wichtigen Wettkampf und ein bestimmtes Rennen in Ihrer Saisonplanung aus. Orientieren Sie sich dabei an einem Wettkampf und eine Strecke, die Sie schon kennen und wo Sie bekannte Gegner erwarten.

- Schreiben Sie sich genau Ihren taktischen Zeitplan auf, den Sie sich vorgenommen haben. Ein 400 m Freistil-Schwimmer überlegt sich hier beispielsweise mit welchen Durchgangszeiten er rumgehen möchte und wie der taktische Aufbau des Rennens sein wird. Ist es das 300 m mitschwimmen und die letzten 100 m davonziehen oder die All-In-Variante, in der von vorne weggeschwommen wird und am Ende zu hoffen ist, dass die anderen einen nicht einholen?! Vergegenwärtigen Sie sich Ihre Gegner mit ihren Stärken und ihren Schwächen. Vergessen Sie nicht auch Ihre inneren Empfindungen aufzuschreiben.
- Nutzen Sie die kommenden Tage, um dieses „Minidrehbuch“ zu lernen sowie sich den Wettkampfverlauf genau einzuprägen. Wenn Sie das Gefühl haben, dass die Vorstellung so intensiv ist, dass Sie glauben, real im Wettkampf zu sein, dann ist es genau richtig.
- Wenn Sie in der Lage sind, dieses innere „Minidrehbuch“ exakt zu durchlaufen, suchen Sie die für Sie entscheidenden Punkte, die Ihren taktischen Plan dominieren und versuchen Sie diese zu isolieren. Filtrieren Sie außerdem die Stellen des Wettkampfes, an denen Sie kritische Situationen erwarten. Versuchen Sie, in Gedanken zu genau diesen Punkten zu springen. Üben Sie dieses verkürzte Drehbuch, bis Sie es optimal beherrschen.
- Versuchen Sie die Knotenpunkte symbolisch zu markieren. Diese Markierungen können Zahlen (z. B. „eins“, „zwei“ und „drei“) sein oder bestimmte Selbstinstruktionen (wie z. B. „Jetzt Tempo anziehen“ oder „Nah an der Leine schwimmen“). Unterstützt durch diese Kurzformeln, versuchen Sie nun einen Rhythmus und eine Struktur in Ihren imaginären Wettkampf zu bringen.
- Versuchen Sie dieses Mentale Training durch 3- bis 5-maliges Üben zu stabilisieren. Solange noch Störungen oder Probleme auftreten, bleiben Sie bei diesem Schritt.

- Kombinieren Sie nun praktisches und mentales Trainieren.
- Trainieren Sie nun konsequent mental in Ihrer Vor- und Nachwettkampfphase, aber auch während der Wettkampfausführung.

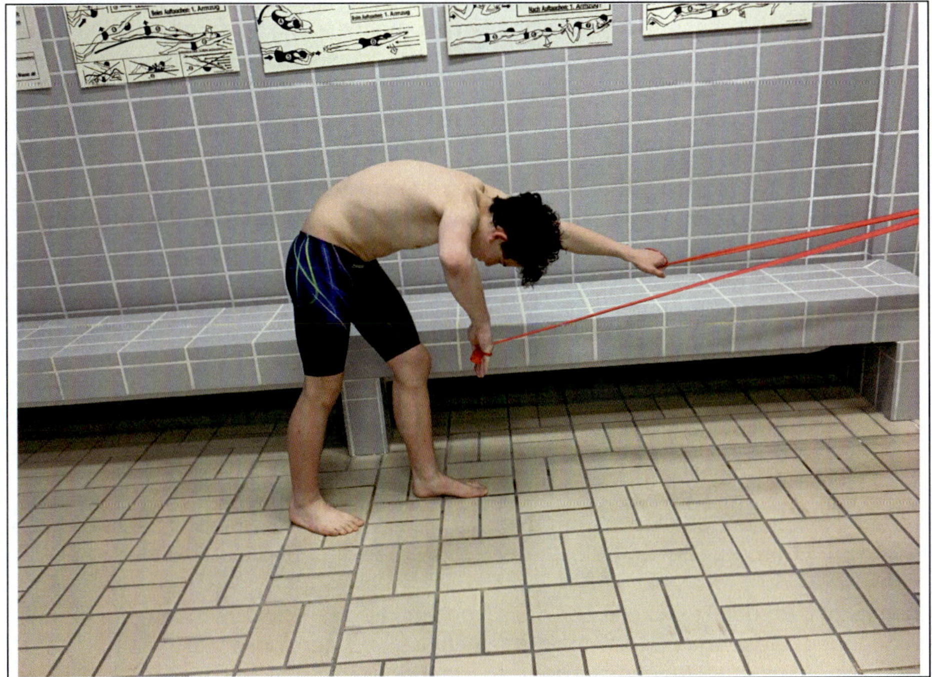

Bild 13. Auch mit Theraband/Zugseil kann praktisches und mentales Training kombiniert werden. (© Privat)

7 Motivation, Selbstmotivation und die Entwicklung von Willenskraft

Wieso tue ich das eigentlich alles? Was ist der Grund, die Antriebskraft, die mich dazu bringt, jede diese Trainingseinheiten zu machen, mich auf einen Wettkampf vorzubereiten und auch mal an schlechten Tagen ins kühle Nass zu springen?

7.1 Motive

Wovon wir hier sprechen, sind unsere Motive. Und genau diese sind es, die all unsere Handlungen antreiben. Ohne Motive entstehen keine Handlungen. Wenn wir versuchen wollen uns das bildlich vorzustellen, so könnte man den Menschen als Auto bezeichnen, das ganz altmodisch getankt werden muss. Tanken können wir hier an den verschiedenen Zapfsäulen der Motive. Wir unterscheiden dabei die Motive:

- Macht
    - Bindung
        - Leistung.

An diesen 3 verschiedenen Tankstellen finden sich jeweils 5 Zapfsäulen.

An der Tankstelle der *Macht* kann man als Motiv, also als Antrieb für das Auto die Füllungen Führung, Status, Selbstbehauptung, Direktion und Unterordnung bekommen.
Beim Stopp an der Tankstelle der *Bindung* steht die Wahl zwischen den Zapfsäulen Begegnung, Geselligkeit, Networking, Anschluss und Verbindlichkeit.
Wenn es um das *Leistungsmotiv* geht, so ergeben sich die Möglichkeiten der Füllung mit Flow, Gütemaßstab, Misserfolgsbewältigung, Leistungsdruck oder Selbstkritik.

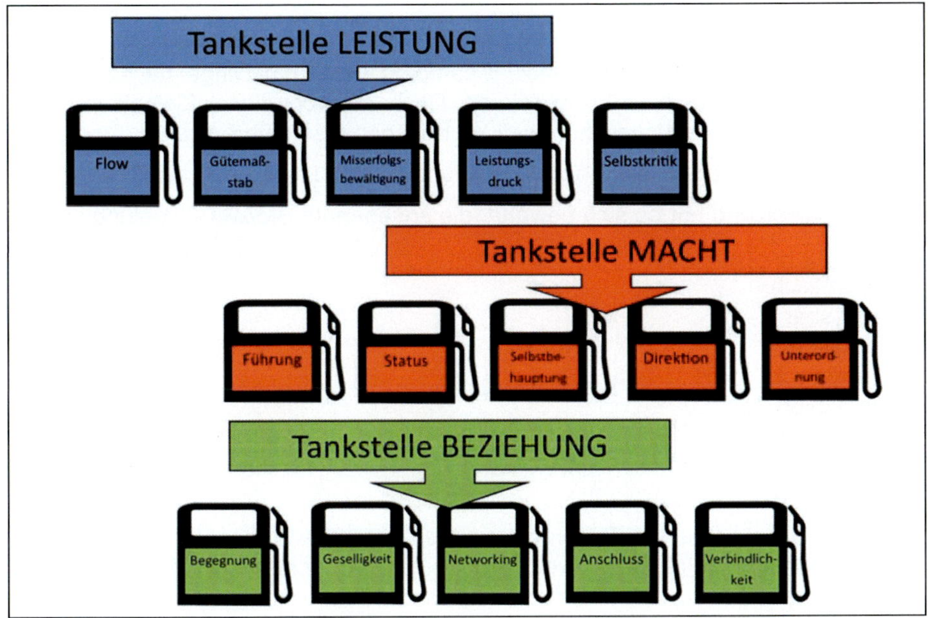

Abb. 9. Motive und deren Antriebsmöglichkeiten als Tankstellengrafik (eigene Grafik in Anlehnung an Stiensmeier-Pelster & Rheinberg, 2002).

Wenn ich also jeden Tag zum Training gehe, auf dem Weg zu einem wichtigen Wettkampf, so ist das Motiv, der Antrieb meines Autos zum Beispiel der Fakt der Misserfolgsbewältigung, also dem Vorbeugen von Misserfolg oder beispielsweise auch der eigene Gütemaßstab etwas Konkretes erreichen zu wollen und deswegen seine Standards so anzusetzen, dass ich die Aufgabe auch erledigen kann.
Und da fällt eine Sache schon auf: Motiv, der Antriebsmotor führt zu einer Handlung, die meist ein Ziel hat, weswegen ich Motivation besitze. Man könnte also sagen, der Ausgangsreiz, den ich setze mit dem Motiv, welches ich verfolge, welches ich also in mein Auto tanke, dieser bringt mich auf den Weg, um etwas zu erreichen. Der Weg zur Erreichung unter diesem Motiv, also der Weg, den ich mit dem getankten Auto fahre, das ist meine Motivation. Dieses allerdings setzt voraus, dass ich weiß, wohin ich fahre.
Wir sehen also das Geflecht zwischen einem Motiv, einem Ziel und der Motivation ist ein fest verbundenes, was in jedem Fall eine Zusammengehörigkeit hat.

Widmen wir uns doch genau dem, was unsere Motivation immer wieder entfachen lässt und neben dem Motiv ein elementarer Baustein ist: dem Ziel.

7.2 Ziele und Zielsetzung

Ziele kennt jeder Sportler. Für irgendwas kämpfen wir, es gibt Dinge, nach denen wir streben oder auf die wir uns Fokussieren. Doch kann bei dieser Zielsetzung auch einiges schieflaufen, welches zu negativen Konsequenzen führen kann.

Doch der Reihe nach. Wie finde ich überhaupt das richtige Ziel für mich?

Bei der Zielsetzung hat es sich bewährt, die sogenannte SMART-Regelung zu verfolgen:

S – spezifisch
M – messbar
A – attraktiv
R – realistisch
T – terminiert.

Jedes Ziel sollte so formuliert sein, dass all diese 5 Punkte Berücksichtigung finden.

Wie kann das aussehen?

Spezifisch meint, dass die Zielformulierung so konkret wie möglich ist. Wie genau soll die Umsetzung erfolgen, mit welchen Hilfsmitteln oder mit welcher Unterstützung. Mit dem Bereich Messbarkeit muss etwas in die Zielformulierung übertragen werden, was es erlaubt nachzuvollziehen, inwieweit das Ziel erreicht werden konnte oder nicht. Mit der Attraktivität ist gemeint, dass das Ziel auch ein persönliches Anliegen sein muss, welches sich für die Person lohnt zu erreichen und dessen Erreichung persönlich angestrebt wird. Der Punkt der realistischen Komponente ist einer derjenigen, die ambitionierte Sportler gerne mal aus den Augen verlieren. Realistisch meint also den eigenen Fähigkeiten und Rahmenbedingungen entsprechend. Und abschließend muss das Ziel auch eine Deadline besitzen, zu welcher das Ziel erreicht werden soll, um eine Verbindlichkeit für sich selbst zu besitzen.
Wie könnte nach dieser Vorgabe also ein konkretes Beispiel aussehen?

Mein Ziel:

Ich möchte bis zu den Deutschen Kurzbahn-Meisterschaften im Dezember 2020 über die 100 m Brust meine Bestzeit von 1:14,81 min auf 1:13,50 min verbessern und dafür mit meiner Trainerin eine perfekte Vorbereitung planen, in der auch ein Höhentrainingslager stattfinden soll.

Was bewirkt es nun, ein solches konkretes Ziel formuliert zu haben?

Ziele helfen uns dabei, unsere Aufmerksamkeit zu lenken und damit das Handeln zu fokussieren. Daneben schaffen sie es, Energie und Anstrengungsbereitschaft zu mobilisieren und sie erhöhen das Durchhaltevermögen. Und nicht zuletzt wirken sich Ziele positiv bei der Umsetzung von Entwicklungen und von Aufgabenlösungen bzw. Lösungsstrategien, bei beispielsweise aufkommenden Problemen, aus.

Ein weiterer Bestandteil der Findung von Zielen und der konkreten Zielsetzung ist, sich spätestens bei der Umsetzung Gedanken über mögliche Hindernisse zu machen. Dies hat zum Zweck, sich zum einen bewusst zu sein, dass der Weg manchmal auch holprig sein kann, aber zum anderen auch, um nicht in Schockstarre zu verfallen, sollte es dazu kommen, eine Hürde überspringen zu müssen, sondern sich gezielt schon Gedanken gemacht zu haben, wie eine mögliche Lösung aussieht. Das schafft Sicherheit und Entspannung und kann den Fokus auf der Zielerarbeitung lassen und muss nicht in die „Was ist denn, wenn"-Falle treten.

Wie könnte sowas konkret aussehen? Schwimmer lieben ihr Element Wasser. Wieso also nicht das Becken auch als Zielsetzungshilfe einbauen?

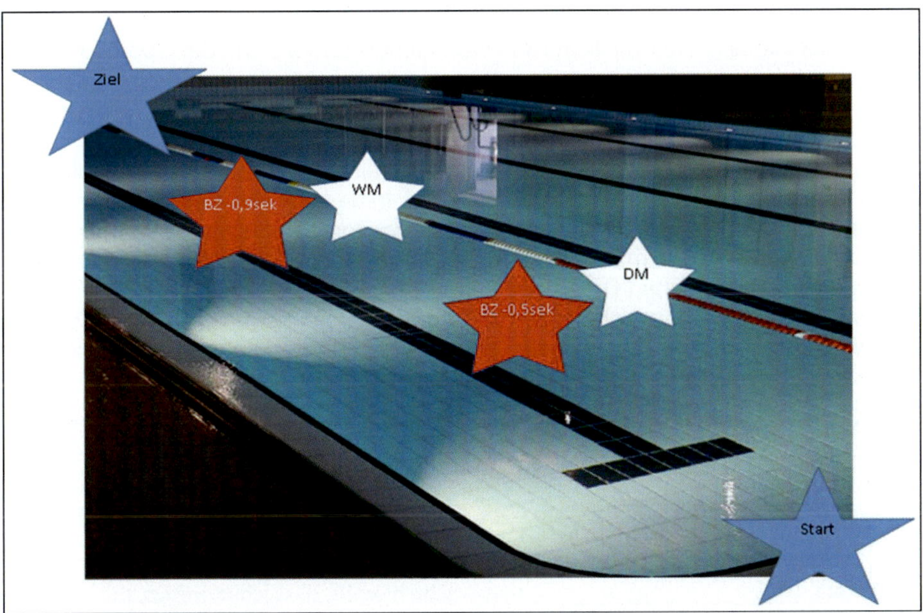

Bild 14. Schwimmspezifische Visualisierung von Zielsetzungen. (© pixabay)

Das Fernziel ist die andere Beckenseite. Die Leine und die Rückenfähnchen ermöglichen, durch den Farbwechsel und deren Standort optimal Zwischenziele platzieren zu können. Und es lässt sich wunderbar darstellen, dass der Anfang noch leichter ist, der Startsprung noch voller Energie den Sportler ins Wasser eintauchen lässt. Aber eben auch, dass es zum Ende der Bahn, bei vollem Tempo auch mal schwer in den Armen wird und es eben nicht mehr so leicht ist, die Strecke zu bewältigen. Die Bahn steht dabei natürlich auch symbolisch für eine längere Distanz als auf dem Bild zu sehen.

Und neben der Zielsetzung bauen wir die Stolpersteine ein. Diese können grafisch tatsächlich als diese Steine dargestellt werden, aber zum Beispiel auch durch eine ältere Person, die zum Morgenschwimmen kommt und nicht ganz meine Geschwindigkeit hat und mich daher im Vorankommen für einen Moment behindert. Oder sind es gar Bretter, Poolnudeln oder Schwimmtiere, die auf der Bahn landen und mich am geraden Weg hindern.

Und zu guter Letzt schauen wir uns auch an, was in meiner Schwimmtasche alles zu finden ist, welche Eigenschaften und Ressourcen ich mitbringe, um die genannten Ziele erreichen zu können. So lässt sich auch sehen, welche Fähigkeiten auf dem Weg zur anderen Beckenseite noch erlernt werden müssen, um es zu schaffen.

Und was, wenn ich mal keinen Bock habe?

Der Job ist stressig, die Familie fordert viel Aufmerksamkeit und der Sport kommt zu kurz. Und dennoch soll ich nach dem langen Arbeitstag noch zum Training fahren? Oder wenn die Couch einfach lauter ruft als das Schwimmbecken und das elendige Ausdauertraining.

Eine Variante, um auch ungeliebten Trainingsinhalten nicht entfliehen zu wollen, ist es, einen Vertrag mit sich selbst abzuschließen. In diesem wird so exakt wie möglich festgehalten, was wann wie stattfinden soll, um weitere Ausflüchte zu vermeiden. Es ist noch effektiver, wenn man sich Unterstützer ins Boot holt, die diesen Vertrag mitgestalten und den eigenen Druck erhöhen.

Hierbei geht es um eine Verpflichtung sich selbst gegenüber. Es sollen verständlicherweise nur Tage gewertet werden, in denen ein Training auch in guter körperlicher Verfassung abgehalten werden kann.

Ein Beispiel für den Vertrag könnte wie folgt aussehen:

Vertrag

Ich, ______________________, verspreche hiermit, dass ich Montags, Mittwochs und Freitag jeweils 18:30 Uhr mein Trainings absolviere.
Montags wird eine 2 Stunden Wassereinheit, Mittwochs Stehvermögentraining mit Oliver und Heiko und Freitags Konditionstraining absolviert.
Meine Trainingsdokumentation schicke ich regelmäßig zur Kontrolle auch an meinen Trainer Hans-Dieter.

Unterschrift: _________________
Zeugen: _________________
____
____

Abb. 10. Beispiel eines Vertrags mit sich für die Motivationsunterstützung.

Neben dieser Form der Motivationsunterstützung ist es für manche auch hilfreich, sich an die Anfänge der sportlichen Betätigung zu begeben. Warum habe ich mich mal für diesen Sport entschieden? Was macht diesen Sport für mich so interessant? Was machen das Kachelzählen, der Chlorgeruch und das Reinschlüpfen in die Schwimmkleidung mit mir? Sich dem bewusst zu werden, welches die Hauptantriebe waren und mit der aktuellen Wirklichkeit abzugleichen, kann neuen Impuls und neue Blickwinkel mit der „alten Brille" ermöglichen.

Und etwas Simples, aber auch Hilfreiches ist eine klassische To-do-Liste. Das Gefühl sich die täglichen Ziele und Vorgaben anzunehmen und diese nach und nach abhaken zu können bzw. sich auf dem Kalender die Tage anstreichen zu können, an denen man das Training absolviert hat, ist ein sehr positiver Effekt.

Unser Wille (Volition) steht dabei unweigerlich im Fokus der Motivation und hat eine zentrale Rolle. Dabei nutzen die meisten Personen immer wieder diesen Begriff, ohne genau auszudifferenzieren, was eigentlich damit gemeint ist. Mit Willensfähigkeit kann zum Beispiel gemeint sein, die richtigen mentalen Strategien anzuwenden, um beim Schwimmen den „Mann mit dem Hammer" zu überwinden. Also genau dann, wenn die Arme brennen, es schmerzt und die Wand einfach nicht näherkommt. Mit Willen kann aber beispielsweise auch die tagtägliche Entscheidung gemeint sein, zum Training zu gehen. Und das ganz egal, ob es draußen 10 Grad Minus sind und sich genau dann von der Couch ins kühle Nass zu begeben. Selbst wenn vielleicht verlockendere Tätigkeiten warten, wie etwa ein gemütliches Beisammensitzen mit Freunden im Biergarten bei Kaiserwetter.

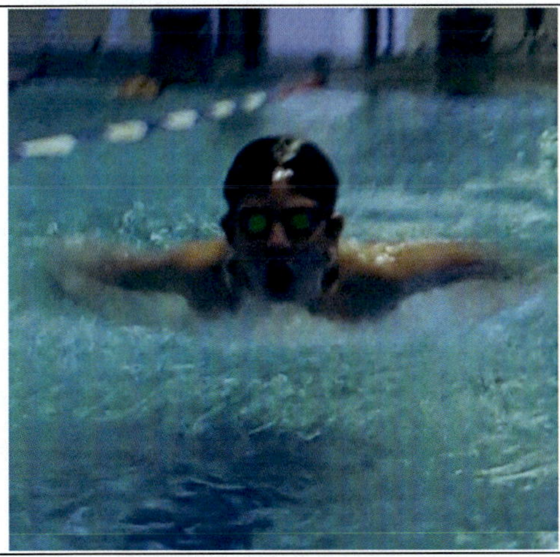

Bild 15. Wille und die richtigen mentalen Strategien spielen auch beim Delphinschwimmen eine Rolle. (© Privat)

8 Der Umgang mit Angst und Stress

Der Umgang mit Angst und Stress ist für jeden Sportler ein Bereich, den er oder sie früher oder später mal durchlaufen muss. Nicht jeder hat damit ein „Problem“, dieses Tal zu durchlaufen. Und doch ist es etwas, was man schon präventiv in das Training einbauen sollte. Darauf vorbereitet zu sein, wenn es mal zu Situationen kommt, die in einem zu viel Angst oder Stress aufbauen könnten, kann den ersten Stress schon mal abhalten.

8.1 Entstehung von Stress und Angst

Wenn wir uns mit Stress und Angst auseinandersetzen, führt kein Weg daran vorbei sich mit der Entstehung dieser Emotionen zu beschäftigen. Das Wissen darüber, wo der Ursprung ist, wie es dazu kommt, dass ich diese Emotion empfinde und wo die entscheidenden Abzweigungen sind, kann schon ein erster Schritt sein, dieses zu minimieren. Grundsätzlich ist erst mal festzuhalten, dass diese beiden Emotionen etwas ganz Subjektives und Individuelles sind. Nicht jeder reagiert gleich auf eine Situation. Für den einen ist es Stress oder Angst pur und die Anspannung steigt in ein Unermessliches, für den anderen ist es nicht mal ein erhöhter Pulsschlag, den die Situation auslöst. Womit das zusammen hängt, erfahrt Ihr jetzt.

8.1.1 Stress

Beginnen wir zunächst mit der Emotion Stress. Am Anfang steht immer ein Auslöser, eine Situation oder ein Gedanke.
In einem ersten Schritt wird von uns eine erste Bewertung vorgenommen. Hierbei wird entschieden, ob wir diese Situation als unangenehm oder gefährlich einstufen. Ist das nicht der Fall, endet hier schon der Weg. Wenn es nicht unangenehm oder gefährlich ist, ist auch kein Grund da, dass Stress entstehen könnte. Anders sieht es aus, wenn es als eben solche Situation eingestuft wird. Doch haben wir damit auch nicht schon zwangsläufig eine Stresssituation. Hier kommt es dann zu einer zweiten Bewertungssituation, in dieser werden die eigenen Fähigkeiten, die eigenen Kompetenzen oder aber auch die Hilfen abgefragt: Was kann ich, wozu bin ich in der Lage, wie weiß ich mir zu helfen, aber auch, wen kann ich mir zu Hilfe hinzuziehen? Merke ich, dass ich mit meinen Kompetenzen oder Hilfen die Situation bewerkstelligen kann, bleibt der Stress aus. Beurteile ich die Situation aber so, dass ich dies nicht kann und dem Auslöser quasi erlegen bin, so entsteht der Stress.

Versuchen wir das in ein schwimmerisches Beispiel zu überführen.

Der Auslöser, der Alptraum eines jeden Schwimmers: das Gummi meiner Schwimmbrille reißt kurz vor dem Wettkampfstart im Callroom.
In der ersten Bewertung dieser Situation erscheint sie als bedrohlich, da ich ohne meine Brille einfach nicht schnell schwimmen kann. Jetzt entscheidet also die zweite

Bewertung, ob wirklich Stress entsteht oder ich mich gelassen weiter auf meinen Start vorbereiten kann. Habe ich also keine Chance mehr, mir eine neue Brille zu holen, meine zu flicken oder mir irgendwo eine auszuleihen, sieht es schwer danach aus, dass Stress aufkommt. Ich habe aber natürlich immer eine zweite Badekappe und eine zweite Brille mit dabei, so dass ich ganz entspannt meine zweite Brille raushole, aufsetze und mein Rennen machen werde. Die Abbildung 19 zeigt noch mal in grafischer Darstellung, den Weg zum Stress.

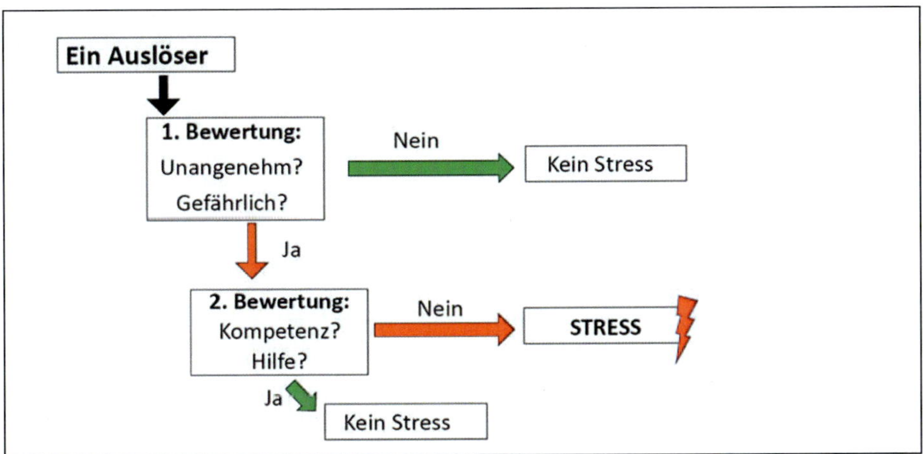

Abb. 11. Psychoedukation: Stressentstehung.

Was wir hier allerdings nicht vergessen dürfen, ist, dass es sich ja wie schon erwähnt, um eine individuelle und subjektive Betrachtung des Auslösers handelt. Selbst wenn die Kompetenz beispielsweise objektiv gegeben ist, in der Situation ohne weiteres zu bestehen, kann die persönliche Einschätzung in dem Moment so weit von der realistischen objektiven Einschätzung liegen, dass dennoch Stress entsteht. Das Beispiel mit der Brille kann trotz einer zweiten Brille und damit eigentlich einem positiven Faktor zu Stress führen, weil diese Hilfe in der zweiten Bewertung als nicht ausreichend eingestuft wird. Die Brille ist nur die zweite Wahl, die hatte ich so selten auf, die ist nicht so gut wie die erste… Und schon haben wir trotz einer scheinbaren Abwendung des Stresses, doch eine negative Bewertung der Situation und damit eine Entstehung von Stress.

Der richtige Stresslevel:

Ein jeder hat schon mal gehört, dass zu viel Stress nicht gut ist für die Leistung. Doch womit hängt das eigentlich zusammen und ist zu wenig Anspannung auch nicht gut?

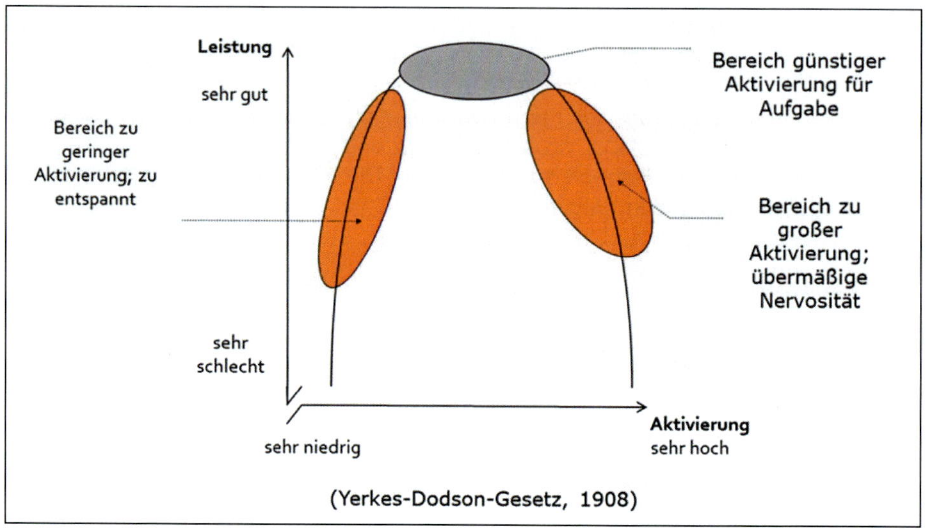

Abb. 12. Der Zusammenhang zwischen Leistung und Aktivierung (Yerkes-Dodson, 1908).

Wie die Abbildung des Yerkes-Dodson-Gesetzes zeigt, bewegen wir uns in einem relativ kleinen Rahmen der Aktivierung, der eine sehr gute Leistung zustande bringen kann. Haben wir eine sehr niedrige Aktivierung, sind wir eher schlaff, müde, überentspannt, so kann ebenso wenig die Leistung abgerufen werden, wie im Bereich zu hoher Aktivierung, die sich durch hohe Nervosität und „hibbelige" Art beschreiben lässt. Die goldene Mitte ist hier das Rezept für den Bereich der Aktivierung, der uns die Aufgabe am besten meistern lässt.
Der erste wichtige Schritt ist also, zu eruieren, in welchem Bereich der Aktivierung man sich selbst befindet. Wie ist die Aufregung, was machen kurzfristig wechselnde Umstände mit mir und mit welchen Gedanken und Gefühlen, gehe ich beispielsweise in den Wettkampf rein.

Wie ich das herausfinden kann?

Hierzu wollen wir zwei mögliche Methoden vorstellen, die nicht als „Entweder-Oder-Varianten" verstanden werden sollen, sondern als Möglichkeiten, die unabhängig voneinander, nacheinander aber auch miteinander kombinierbar nutzbar sind. Und sie sind nur 2 von vielen verschiedenen Möglichkeiten der Ergründung des eigenen Aktivierungs- und Anspannungsniveaus.

Das Startthermometer:

Ziel dieser Übung ist es, über den Vergleich eines guten und eines nicht so gut gelaufenen Wettkampfes herauszufinden, wo die Unterschiede liegen, um damit eine gute Range zu finden, in der man sich einfinden möchte, um diese dann bestenfalls in der Zukunft selbstständig zu beeinflussen.

Tab. 1. *Das Startthermometer (vgl. Engbert, 2011)*

		guter Wettkampf	**nicht so guter Wettkampf**
Körper	Wie haben sich deine Muskeln angefühlt? Wie hat sich dein Bauch angefühlt?		
	Warst du voll wach oder eher müde?		
	Wie waren Puls und Atmung?		
Kopf	Welche Gedanken gingen dir vor dem Wettkampf durch den Kopf?		
	Wie war deine Einstellung zum Wettkampf?		
	War er dir wichtig oder unwichtig?		
Gefühl	Wie hast du dich vor dem Wettkampf gefühlt?		
	Warst du selbstbewusst oder ängstlich?		
	Hast du dich auf den Wettkampf gefreut oder gehofft, dass er schnell vorbei ist?		
Verhalten	Was hast du direkt vor dem Wettkampf gemacht?		
	Warst du vor dem Wettkampf gut sortiert oder bist du unruhig herumgelaufen?		

Und bin ich mir dann dessen bewusst, was mich pusht und was mich hemmt, so kann ich dementsprechend meine Routinen entwerfen und meine Wettkampfvorbereitung maximal effizient gestalten. Wie die direkte Vorbereitung auf den Wettkampf aussehen kann und was es dort zu beachten gibt, werden wir in Kapitel 10 thematisieren.

Nun wollen wir aber noch schauen, was heißt es also praktisch für mich, wenn ich weiß, dass ich nicht in der optimalen Zone der Aktivierung bin?

Wir haben also die beiden Seiten der zu niedrigen und die der zu hohen Aktivierung. Beschäftigen wir uns zunächst mir der zu niedrigen Aktivierung. Wie schon beschrieben, charakterisiert sich diese Art in Form von zu hoher Gelassenheit, Spannungslosigkeit und nicht selten auch einer müde wirkenden Art. Dementsprechend muss das Ziel sein, die Herzfrequenz wieder in die Höhe zu bekommen und eine positive Spannung zu erreichen. Um diesen gewünschten Zustand zu erreichen und geistig in Schwung zu kommen, ist es hilfreich sich körperlich aktiv zu betätigen. Dabei sollte der Fokus auf schnellen und schwunghaften Bewegungen liegen, um eine gewisse Muskelspannung zu erlangen. Ebenso ist die Atmung ein Faktor, mit dem man eine bewusste Aktivierung herbeiführen kann, hier konkret schnelle und tiefe Atemzüge.

Aber auch durch eine passende Musikauswahl, kann eine Erhöhung des Aktivierungsniveaus erzeugt werden. Diese Auswahl ist so individuell, wie der Musikgeschmack an sich. Es lohnt sich für sich zu eruieren, welche Musiktitel einen zur Entspannung und welche einen zu einer Aktivierung bringen und diese dann passend einzusetzen.

Wie man es schafft, das Aktivierungsniveau zu senken, sollte, wenn man bisher fleißig gelesen hat, in Kapitel 4 deutlich geworden sein, da dort die Vielfalt an Möglichkeiten der Entspannungsverfahren dargestellt wurde.

8.1.2 Angst

Wenn wir uns nun mit der Angst beschäftigen wollen, so sieht die Entstehung dieser Emotion gar nicht viel anders aus als die des Stresses. Es ist wieder eine subjektive Einschätzung einer Situation, die erlebt wird. Diese wird eben als bedrohlich oder nicht bedrohlich wahrgenommen. Bei den Situationen, in denen individuell entschieden wird, dass sie für die Person bedrohlich werden könnte, wird im zweiten Schritt entschieden, ob die eigenen Fähigkeiten ausreichen, um diese Bedrohung beseitigen zu können bzw. gar nicht erst weiter entstehen lassen zu können. Ist dies nicht der Fall entsteht die Angst.
Abbildung 13 zeigt die Beziehung zwischen einer individuellen Leistungsvoraussetzung/Kompetenzen und der Anforderung der Aufgabe noch mal zur visuellen Nachverfolgung.

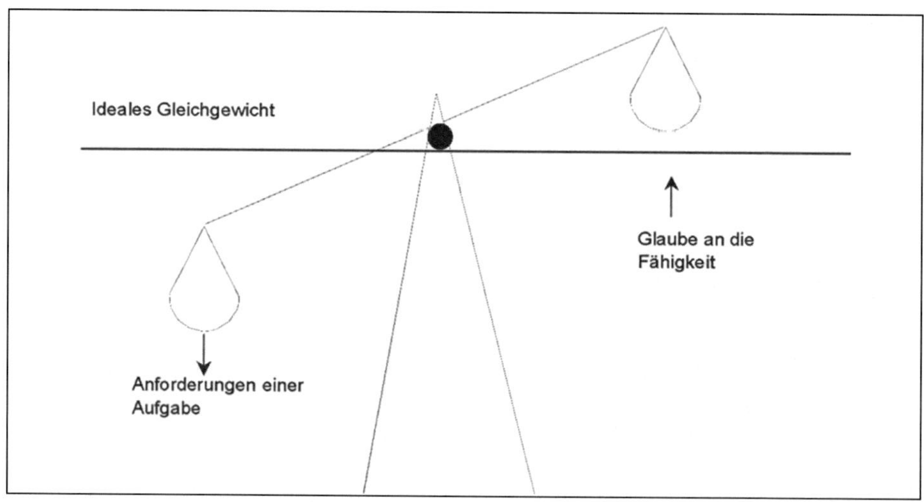

Abb. 13. Die Beziehung von individuellen Leistungsvoraussetzungen und Anforderungen einer Aufgabe, die zu Stress oder Angst führt (vgl. Ziemainz & Rentschler, 2020).

Wenn nun klargeworden ist, dass es die Bewertung der Situation ist, die uns dazu bringt, gestresst zu sein oder Angst zu empfinden, dann lohnt es sich dort noch mal einen Blick drauf zu werden, weil wir unter Umständen eben durch diese Bewertung auch schon dafür sorgen könnten, dass uns diese Situation nicht in einen negativen Strudel bringt.

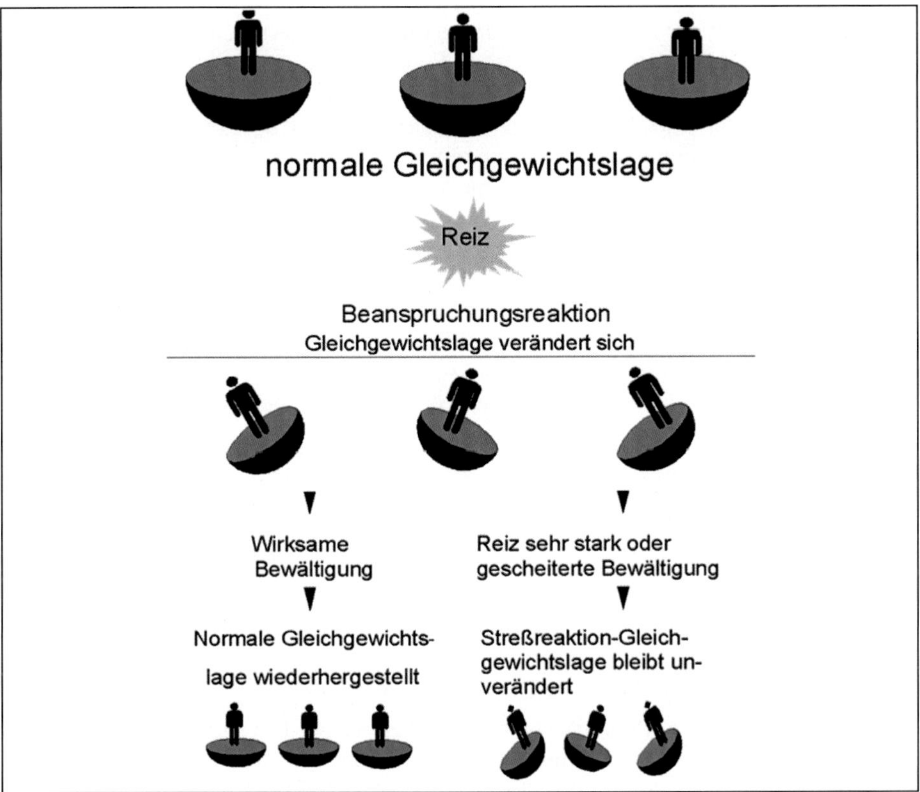

Abb. 14. Der Prozess der Stressbewältigung nach Schlicht (1989, S. 11).
Hinweis: 1-körperlicher Zustand, 2-emotionaler Zustand, 3-kognitiver Zustand.

Nehmen wir uns ein Beispiel zu Hilfe:

Eine junge Schwimmerin kommt in eine neue Trainingsgruppe, da sie sich durch ihre guten Leistungen bisher dazu empfohlen hatte, nun den nächsten Entwicklungsschritt zu machen. Nun ist der erste Tag in der neuen Mannschaft und dem neuen Trainer gekommen. Sie kommt in die Halle, wird begrüßt und sieht dann den Trainingsplan (die Situation). Die Serien, die an der Tafel stehen, sind für die Athletin auf den ersten Blick als „bedrohlich" wirkend, da es nicht nur mehr Gesamtkilometer, sondern auch verschärfte Abgangszeiten im Vergleich zu ihrem bisherigen Training sind, die sie beunruhigen. Sie bekommt Bauchschmerzen (körperlicher Zustand), denkt darüber nach, kämpft mit Versagensgedanken (emotionaler Zustand) und ihre Aufmerksamkeit richtet sich nun auf ihre Bauchschmerzen und nicht vorbereitend auf das Training (kognitiver Zustand). Nun erfolgt unbewusst die Einschätzung ihrer Kompetenzen und Fähigkeiten und damit die Entscheidung, ob bei ihr Angst entsteht oder nicht.

Die Anforderungen der Aufgaben, die dort an der Tafel stehen, sollen bestenfalls im Ausgleich zu dem Glauben an die eigenen Fähigkeiten stehen. Tut dies es nicht und bekommen wir ein Ungleichgewicht, so über- oder unterschätzen wir uns.

Unsere Athletin ist sich ihrer eigenen Fähigkeiten nicht so sicher, weswegen sie glaubt, dieses Training nicht schaffen zu können. Es entsteht also hier das angesprochene Ungleichgewicht und sie bekommt Angst, welche sich leistungsmindernd auf ihr Trainings auswirken kann.

Und auch hier könnten wir uns eines Entspannungsverfahren bedienen, welches wir schon in Kapitel 4 kennengelernt haben, wie zum Beispiel der „Progressiven Muskelentspannung" oder dem „Autogenen Training". Doch sind diese Techniken keine Option in der Situation selbst, sondern eher im Rahmen in der Vor- oder Nachbereitung angesiedelt. Wenn wir uns nun also Alternativen widmen wollen, die uns dann noch zur Verfügung stehen, müssen wir uns mit den sogenannten „naiven Bewältigungsstrategien" beschäftigen.

„Naive Bewältigungsstrategien"

Wie der Begriff es schon vermuten lässt, sprechen wir bei den naiven Strategien von keinen wissenschaftlichen Programmen, sondern von Techniken, die wir uns im Laufe unseres Lebens erarbeitet und angelernt haben, durch spezifische Erfahrungen, die wir gemacht haben.

Um mal zu zeigen, wie selbstverständlich vielleicht schon der ein oder andere unbewusst solche Strategien verwendet, bedienen wir uns eines Beispiels:

Es sind die Deutschen Meisterschaften der Masters auf der Kurzbahn. Franz ist in seiner Altersklasse AK40 angereist und möchte über die 100 und 200 m Brust den Titel mit nach Hause nehmen. Beim Einschwimmen sieht er seinen ewigen Kontrahenten Bernd aus dem Norden und einen der Neuen in der Altersklasse Rudi aus Bayern. Folgendes Selbstgespräch läuft in Franz Kopf ab:

> „Bernd also, naja gut ich weiß, dass er bei den Norddeutschen Meisterschaften mit 2 deutlich schlechteren Zeiten gewonnen hat, im Vergleich zu meinen Titeln bei den Westdeutschen Meisterschaften. Ich denke seine Form wird in den letzten 3 Wochen nicht so eine starke Kurve abzeichnen. Aber da ist Rudi, der alte Bayer, er hat schon sehr starke Zeiten diese Saison gezeigt, deutlich schnellere als meine. Aber er hat die Bayerischen Meisterschaften ausgelassen. Warum weiß leider keiner so richtig. Ist er etwa nicht fit? Oder gehen wieder die Nerven mit ihm durch, so wie beim Wettkampf in Hamburg? Ich kann meine Nerven ja mittlerweile sehr gut zügeln und mich mental hervorragend auf den Wettkampf einstellen. Außerdem ist das hier MEIN Becken. In dem bin ich immer gut geschwommen, das Wasser liegt mir, hier habe ich ein super Wassergefühl und kenne alle Wege und Abläufe. Ich bin top drauf".

Was zeigt uns dieses Beispiel also?

Es zeigt uns, dass Rudi eine Bedrohung sein könnte. Doch unser Sportler Franz analysiert einfach die Situation und passt seine Einstellung und seine Gedanken gegenüber der Bedrohung Rudi an. Dabei beruft er sich auf die eigenen Stärken und Fähigkeiten. Und durch dieses Hervorheben der eigenen Leistung und der Stärken schafft er es die Bedrohung nicht entstehen zu lassen und die Waage zwischen Anforderung und Fähigkeit im Gleichgewicht zu halten. Eine sehr simple, aber durchaus erfolgreiche Methode.

Die „Naiven Bewältigungsstrategien" lassen sich in zwei verschiedene Kategorien einteilen. Wir unterscheiden hier zwischen umweltorientierten und personenorientierten Bewältigungsstrategien.

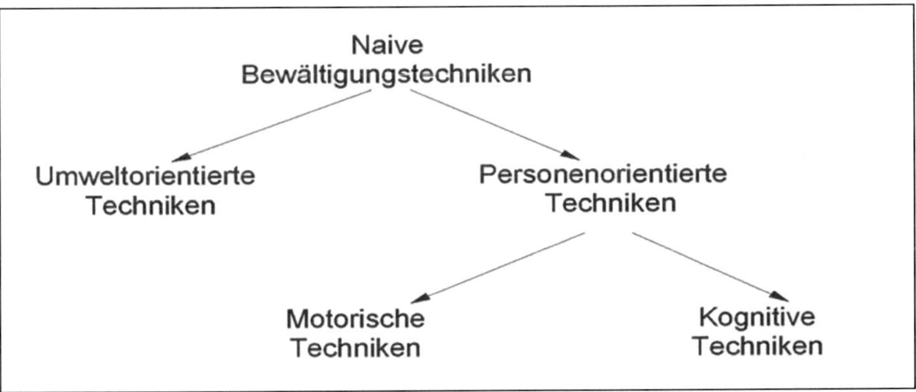

Abb. 15. „Naive Bewältigungstechniken" im Modell der sportspezifischen Stressbewältigung nach Nitsch und Hackforth (1979).

Umweltorientierte Techniken

Bei den umweltorienterten Stressbewältigungstechniken geht es darum durch Handlungen, die eine beruhigende und stressabbauende Wirkung haben, eine Veränderung der Wahrnehmung von beeinflussenden Umweltfaktoren zu haben. Dies bedeutet zum Beispiel den Rummel im Callroom, in der Vorbereitungszone vorm Start, so mit einer Handlung zu versehen, dass dieser Trubel um einen herum, der zu Stress führen würde, gar nicht erst wahrgenommen wird oder dadurch reguliert werden kann. In der Schwimmerszene sind dort Kopfhörer und Musik ein weit verbreitetes Mittel. Michael Phelps hat sich selbst immer mit großen Kopfhörern und schallender Musik von Kameraleuten, Gegnern und Publikum „entfernt", um ganz bei sich zu sein und somit die Konzentration nicht durch den Umgebungsstress minimieren zu lassen.

Personenorientierte Techniken

Unter personenorientierten Techniken werden der Bewältigungsstrategien alle Techniken zusammengefasst, welche sich rund um den Athleten selbst drehen.
Diese sich um die Person selbst drehenden Strategien werden nochmals in zwei verschiedene Kategorien unterteilt. Hierbei unterscheiden wir zwischen motorischen und kognitiven Techniken. Unter motorischen Techniken versteht man solche Maßnahmen, die zur Linderung des Spannungsgefühls dienen und auf muskulärer Ebene ablaufen. Im Vergleich dazu, sind kognitive Bewältigungstechniken Strategien für den Sportler in welchem z. B. Motivations-, Beruhigungs- und Ablenkungstechniken in Form von Selbstinstruktionen durchgeführt werden.

Personenorientierte Techniken

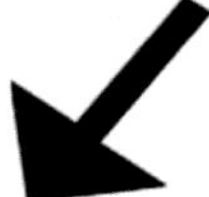

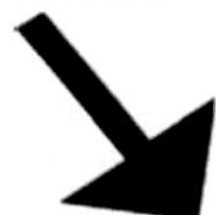

Kognitive Techniken	**Motorische Techniken**
- Motivations-, Beruhigungs- und Konzentrationstechniken	- Tänzeln
- Informationssuche und Einsatz	- Auszeit
- taktischer Mittel	- Motorische Abreaktion
- Umbewertungstechnik	- Motorische Motivationstechnik
- Ablenkungstechnik	- Simulation einer Bewegung
- Verbale Aktion	- Motorische Relaxation
- Selbstdarstellungstechnik	- Atemtechnik
- Selbstwirksamkeitserwartung	
- Autogene Muskelrelaxation	
- Externe Handlungsregulation	
- Mentales Training	

Abb. 16. Überblicksdarstellung der identifizierten Bewältigungstechniken im Tischtennis nach Straub und Hindel (1993, S. 19).

Abbildung 16 zeigt eine Übersicht an Übungen zu den jeweiligen Bewältigungsstrategien der personenzentrieten Art

Bei den motorischen Techniken haben wir ja schon die Situation im Vorstartbereich thematisiert. Ebenso zu diesem Technikbereich zählt die Simulation der Schwimmbewegung. Das Durchführen der Armbewegung der Brustschwimmer vor dem Start ist hierbei also auch als Stressbewältigungstechnik für den personenzentrierten Anlass zu werten. Dieser Ablauf gibt Sicherheit über das Bewegungsgefühl und kann damit zur Reduktion der Anspannung führen. Oftmals sind solche Ansätze in den Ritualen der Sportler vor einem Wettkampf zu finden (vgl. hierzu Kap.9)

Unter motorischen Techniken sind weiterhin „Auszeiten“ (z. B. beim Basketball) zu verstehen oder auch motorische Abreaktionen, wie z. B. das Treten gegen eine Werbebande oder das Wegwerfen von Brille und Badekappe aus Frust und Ärger über ein Rennen. Die berühmte „Becker-Faust“ gehört ebenso zu diesen motorischen Bewältigungstechniken im Sinne einer motorischen Motivation.

Aber auch die personenorientierten, kognitiven Bewältigungsstrategien spielen im Schwimmsport eine zentrale Rolle. Wie aus der obigen Abbildung 16 zu entnehmen ist, sind das Strategien, wie z. B. Motivations-, Beruhigungs- und Ablenkungstechniken in Form von Selbstinstruktionen. Beispiele für diese Strategien sind verbale Aktionen („Au man, siehst du heute aber schlecht aus!“) oder etwa die bewusste Suche nach Information und dem Einsatz taktischer Mittel („Welche Zeit muss ich unterbieten, um die Qualifikation zu schaffen?“ und „Nach der Wende, ziehe ich meinen Endspurt an und ziehe an dem Gegner vorbei und kann dann vor ihm anschlagen, um den geforderten Platz zu erreichen“). Hierzu gehören insbesondere auch Selbstdarstellungstechniken, z. B. das Auswählen bestimmter Wettkampfanzüge oder extravaganter Kleidung, wie beispielsweise der US-Amerikaner Ryan Lochte, der mit seinen verrückten Turnschuhen immer wieder für Aufsehen gesorgt hatte.

Tabelle 2 zeigt eine Übersicht mit naiven, kognitiven Bewältigungstechniken, die auch für den Einsatz im Schwimmsport in Frage kommen:

Tab. 2. Überblicksdarstellung der kognitiven, naiven Bewältigungstechniken im Triathlon (Ziemainz & Stoll, 1999)

Motivationstechniken	Treten oft in der Form von positiven Selbstinstruktionen auf und haben den Zweck, eine erhöhte Aktivierung des Sportlers zu erreichen sowie sein Selbstwertgefühl zu stärken.	Beispiele: *„Auf jetzt – die letzten 25 m, du schaffst deine Zeit!"* oder *„15 m, jetzt durchbeißen trotz dem Mann mit dem Hammer, du schaffst es noch!"*
Beruhigungstechniken	Soll die Aktivierung in einer kritischen Situation herabsetzen und negative Emotionen sowie Nervosität kontrollieren.	Beispiel: *„Ganz ruhig bleiben, lass die mal da vorne so wegziehen, es sind noch 300 m und ich mach mein Tempo und kann dann hinten raus noch zulegen."*
Konzentrationstechniken	Haben den Sinn, die Aufmerksamkeit und die Konzentration auf das laufende Renngeschehen zu lenken.	Beispiel: *„Versuche jetzt, dich auf deine Technik zu konzentrieren, ziehe deine Technik durch, werde nicht kürzer von den Armzügen, sondern spür wo der Widerstand ist, bleibe locker und beobachte weiter den Rennverlauf."*
Informationssuche u. Einsatz taktischer Mittel (eher für Mittel- und Langstrecke)	Beziehen sich zumeist auf die Vergegenwärtigung vorher geplanter Zwischen-zeiten und auf die Planung des Rennverlaufes und der eigenen Position im Feld. Diese sind entweder vorher mit dem Trainer abgesprochen oder entstanden individuell im Vorfeld des Rennens.	Beispiele: *„Ich kontrolliere die Zwischenzeit und vergleiche diese mit meiner Marschroute"* (durch Zeichen des Trainers am Beckenrand oder *„Ich schwimme jetzt an XY vorbei, um dann die Lücke wieder zuzumachen, damit ich nicht den Anschluss an die Spitze verliere".*
Umbewertungstechniken (eher für die Langstrecke)	Kommen vor, wenn der Sportler während des Rennens erkennt, dass er sein vorgenommenes Ziel (Bestzeit/ Platzierung) nicht erreichen kann. Dabei werden negative Situationsaspekte durch eine erneute Widerspiegelung in ein positives Licht gerückt bzw. umgedeutet.	Beispiele: *„Eine Bestzeit ist nicht mehr drin aber Hauptsache es ist unter 18 min, das ist auch schon eine sehr gute Zeit"* oder *„Die XY ist zu stark heute, der Titel ist weg, vielleicht schaffe ich aber noch eine Platzierung auf dem Treppchen."*
Abreaktion	Ist zu erkennen an Aggressions- oder Wutausbrüchen, die allerdings nicht unbedingt verbal artikuliert werden, sondern teilweise nur kognitiv erfolgen. Diese Abreaktionstechniken beziehen sich zumeist auf den Gegner.	Beispiele: *„Der XY, das ist so ein Intimfeind von mir. Wenn ich den sehe, dann geht mir der Hut hoch. Den musste ich heute einfach schlagen".*
Keine Bewältigung	Es kann auch vorkommen, dass keine Technik angewandt wird. Dies geschieht insbesondere dann, wenn entweder keine geeignete Bewältigungstechnik zur Verfügung steht oder der Sportler aussichtslos hinten liegt.	Beispiel: *„Ich habe nicht mehr gekämpft, ich bin einfach nur noch locker weitergeschwommen, so dass es nicht mehr weh getan hat."*

8.2 Bewältigungsregeln über Selbstinstruktionen lernen

Im deutschsprachigen Raum gibt es nur wenige Studien, die sich mit der naiven Bewältigung kritischer Situationen im Wettkampf und einem anschließenden sportlichen Erfolg auseinandergesetzt haben. Die Forschungsgruppe der Autoren Stoll und Ziemainz (früher Universität Leipzig/TU Chemnitz, nun Universität Halle-Wittenberg/ Universität Erlangen) untersuchte die Bewältigung kritischer Situationen und damit verbundenen sportlichen Erfolg für den Langstreckenlauf und im Triathlon. Daraus lassen sich Regeln zum Bewältigungsverhalten formulieren, die dann in Form eines „naiven Stressbewältigungstrainings" trainiert und angewendet werden können und auch auf den Schwimmsport übertragbar sind.

Als eine allgemeine Bewältigungsregel lässt sich formulieren:

Nutze eher aktiv orientierte Bewältigungsstrategien, wenn die bedrohende Situation subjektiv kontrollierbar erscheint. Damit besteht die Möglichkeit, die bedrohende Situation unmittelbar zu verändern bzw. zu eliminieren, welche auch als problemorientierte Bewältigungsstrategien gekennzeichnet sind.

Was heißt das konkret?

Nehmen wir uns eine 400 m Freistil-Schwimmerin. Die ersten 200 m kommt sie gut ins Rennen und fühlt sich noch locker und fit. Ihr Ziel ist es, die 400 m unter 04:20 min zu schwimmen. Bei der Hälfte geht sie mit einer Zwischenzeit von 02:06 min rum. Sie weiß aber auch, dass die zweite Teilstrecke nicht ihr Steckenpferd ist und dass das Ausdauer- und Stehvermögentraining in der Vorbereitung oftmals zu kurz gekommen ist. Auf Grund der Zwischenzeit ist das Erreichen des Endziels von unter 4:20 min durchaus noch erreichbar, jedoch ebenso deutlich bedroht aufgrund der grundsätzlichen Schwäche und dem mangelnden Training im Vorfeld des Wettkampfes. Und hier setzen wir also in der subjektiv noch kontrollierbaren Situation Techniken ein, die nicht jetzt schon über Resignation und Angst nachdenken lassen, sondern, die einen positiven Effekt auf das Endziel haben. Diese könnten beispielsweise durch positive Selbstinstruktionen erfolgen, die zum einen von der einsetzenden Ermüdung ablenken können und zum anderen statt der Angst vor Versagen die Fähigkeiten und das Können ins Bewusstsein rufen. Die positiven Selbstinstruktionen können von taktischen Vorgaben unterstützt werden, in dem versucht wird, die dritten 100 m nun in einer Zeit um die 1:08 min zu schwimmen, damit für die letzten 100 m mit dem Endspurt noch 1:05 min ausreichen, um das gewünschte Ziel zu erreichen. Die Gedanken an einen der letzten starken Endspurte schürt Kraft und Energie für die zweite Etappe der 400 m-Distanz.

Wenn sich die Situation aus deinem Blickwinkel wenig kontrollierbar anfühlt, dann ist es ratsam auf eher passiv orientierte Bewältigungsstrategien zurückzugreifen. Damit lässt sich zwar nicht der Stressor verändern, jedoch gelingt es somit zumeist negative Emotionen zu regulieren, die dann zusammen mit der kritischen Situation auftreten. Deswegen sprechen wir hier von emotionszentrierten Bewältigungsstrategien.

Auch zu dieser Bewältigungsregel möchten wir ein kleines Beispiel schildern und auf eine beispielhafte Situation zurückgreifen. Das 400 m Lagen-Rennen, 350 m sind bereits absolviert und die letzte Wende ist gerade geschafft, da kommt der „Mann mit dem Hammer". Die Beine schmerzen, das Tempo kann kaum mehr gehalten werden. Die Armzüge werden immer kürzer und an wirkliche Wasserverdrängung ist kaum noch zu denken. Hier wären Aktivierungstechniken (positive Selbstinstruktion) völlig fehl am Platz, diese würde das eigene Versagen nur noch mehr in den Fokus rücken. In diesem Fall ist es sehr viel wichtiger, die ganze Situation umzubewerten und in ein anderes Licht zu rücken, indem man evtl. einfach das ursprünglich anvisierte Ziel spontan verwirft und die anvisierte Zeit etwas nach oben schraubt. Außerdem hilft es *kurzfristig* das eigene Versagen „external zu attribuieren". Dies bedeutet, dass man die Schuld am Versagen zunächst nicht sich selbst zuschreibt, sondern anderen, äußeren Faktoren, die eben nicht kontrollierbar sind. Somit gelingt es oft, zunächst einmal eigene negative Emotionen zu regulieren, d. h. in positive umzuwandeln und somit unter Umständen das eigene psychophysische Gleichgewicht wiederherzustellen. Vorsicht jedoch: Sollte das anvisierte Ziel nicht erreicht werden, so ist spätestens einen Tag nach dem Wettkampf eine realistische Ursachenanalyse notwendig, um daraus Konsequenzen für die zukünftige Vorbereitung abzuleiten.

Eine weitere Technik hat das Institut der Universität Leipzig in den 90er-Jahren entwickelt. Ziel war es für die Forscher ein Programm zu erstellen, welches es einem Athleten ermöglicht, kritische Situationen wahrzunehmen und diese umzubewerten, sowie Strategien der Bewältigung zu erlernen. Entstanden ist dadurch das Stressbewältigungstraining.

8.3 Das Leipziger Stressbewältigungstraining

Ziel dieses Trainings ist es, durch Lernerfahrungen Stresssituationen bewusst wahrnehmen zu können, sowie Stressreaktionen über den angemessenen Einsatz von Bewältigungsstrategien kontrollieren zu können. Somit kann die Stresstoleranz erhöht werden. Das Leipziger Stressbewältigungsprogramm lässt sich in drei grundlegende Phasen unterteilen:

1) Die Informationsphase als erster Schritt dient dazu, dem Sportler das Entstehen und Erleben von kritischen Situationen und den Einsatz von Copingstrategien (Bewältigungsstrategien) in einem Wettkampf bewusst zu machen bzw. zu erklären. Dabei kann auf die Methode der Videoselbstkonfrontation zurückgegriffen werden. Aufgezeichnete Wettkämpfe werden dabei gemeinsam von Athlet und Trainer, bezogen auf wettkampfrelevante, kritische Situationen, analysiert und ausgewertet. Zweckdienlich können hier zusätzliche Aufzeichnungen zu den sonstigen Trainingsdokumentationen (Tagebücher) sein, die sich speziell mit dem Einsatz von Bewältigungsstrategien in Training und Wettkampf beschäftigen.

2) In der darauffolgenden Übungsphase werden verschiedene alternative Bewältigungsstrategien (insbesondere Selbstanweisungen) erlernt. Diese Selbstinstruktionen können in Visualisierungs- und Konfrontationsübungen geübt werden. Hierbei sollen im Geiste Wettkämpfe nacherlebt werden und in bestimmten Situationen effektive und adäquate Strategien eingesetzt werden. Es können auch verschiedene Wettkampfvideos vorgespielt werden, in denen es zu kritischen Situationen kommt. Dabei soll der Sportler per Selbstinstruktion eine effektive Copingstrategie laut zu sich und dem Trainer sagen (z. B.: Bei Zwischenzeit 200 m sage ich mir „Schwimm nun die zweite Teilstrecke in gleichem Tempo, dann kannst Du mit einem super Endspurt auf den letzten 15 m die Qualifikationszeit erreichen!").

3) In der Anwendungsphase sollten diese Fertigkeiten dann in wettkampfähnlichen, stressreichen Situationen angewandt werden. Dabei können Vorbereitungswettkämpfe auf Saisonhöhepunkte bzw. Standortbestimmungen oder einfache Trainingswettkämpfe genutzt werden.

Diese dreiphasige Rahmenkonzeption kann auf zwei unterschiedliche Trainingsbausteine angewendet werden und soll im Folgenden detailliert dargestellt werden. In diesen Bausteinen sind psychologische Trainingsverfahren wie „Problemlösetraining", „Trainingsverfahren zur kognitiven Neu- oder Umbewertung" sowie „Relaxationsverfahren zur Erregungsregulierung" in einem sogenannten Multikomponentenverfahren zusammengefasst.

8.3.1 Der erste Teil: Das „Kognitions-Relaxationstraining"

Der erste Baustein wird als „Kognitions-Relaxationstraining" bezeichnet. Das beinhaltet zum einen Anteile, die sich mit der kognitiven Bewertung von belastenden Stressoren auseinandersetzt und zum anderen Entspannungsübungen, die dem Athleten helfen sollen, seine Erregung zu kontrollieren. Aus diesem Grund ist es wichtig, zunächst ein Entspannungsverfahren zu erlernen. Hier bieten sich das Autogene Training nach Schultz (2003) oder die „Progressive Muskelrelaxation" nach Jacobsen (1990) an (vgl. Kap. 4 Entspannungsverfahren).

Mit diesem „Baustein" sollen die kognitiven Stressprozesse verändert werden. Dieser Block ist der wichtigste und zeitlich aufwendigste Teil des Stressbewältigungsprogramms und gehört zur Übungsphase. Diese Phase umfasst insgesamt folgende Bereiche:

- Erlernen von Entspannung;
- Identifizierung von mit Stress verbundenen Kognitionen;
- Konstruktion von alternativen Kognitionen;
- Auswahl von konkreten Selbstinstruktionen für die Vorbereitung auf die Konfrontation mit einer stressreichen Situation sowie die Auseinandersetzung mit der Erregung bzw. das Überdenken der Bewertung dieser Situation;
- Visualisierung einer stressreichen Situation (a. kontrollierbar, b. wenig kontrollierbar). Eine subjektiv kontrollierbare Situation ist z. B.: „Ein Gegner zieht an mir

vorbei, ich könnte jedoch dagegenhalten". Eine eher unkontrollierbare Situation ist z. B. „brütende Hitze während des Wettkampfes";
- Visualisierung einer stressreichen Situation, auf die dann mit Entspannung und effektiven/adäquaten Selbstinstruktionen reagiert wird.

Am Beispiel der ersten Sitzung soll das Ganze noch einmal verdeutlicht werden:

Erste bis dritte Sitzung

In der ersten Sitzung: Begrüßung der Teilnehmer; Vorstellung des Trainingsleiters und Selbstvorstellung jedes einzelnen Trainingsteilnehmers. Im weiteren Verlauf soll jeder Trainingsteilnehmer erklären, warum er an dem Training teilnimmt und über seine Erwartungen und Ziele hinsichtlich des Bewältigungstrainings berichten. Der Trainingsleiter kommentiert jede der Aussagen in wenigen Sätzen. Es erfolgt eine kurze Einführung in die Struktur und Organisation des Trainings. Der Trainingsleiter erläutert kurz den Verlauf des gesamten Programms. Dabei werden die Gesamtlänge des Trainings, die Sitzungstermine und die Dauer einer Sitzung besprochen. Der Trainingsleiter fordert alle Teilnehmer zu einer kontinuierlichen Mitarbeit auf. Hierbei wird auf die Wichtigkeit des Mitwirkens an Diskussionen, das Führen eines Stresstagebuches und das selbständige Trainieren von erlernten Entspannungsverfahren hingewiesen. Es folgt ein Überblick über die in den folgenden Sitzungen relevanten Probleme:

> „Ich möchte Ihnen jetzt einen Überblick über den Ablauf der heutigen Sitzung geben. Wir werden uns nun einige Situationen aus Ihrem letzten Wettkampf, den wir aufgezeichnet haben, gemeinsam anschauen, was in diesen Situationen genau passiert ist, wie Sie sich verhalten haben und was Sie dabei gedacht und gefühlt haben. Daran lässt sich verdeutlichen, was Stress im Wettkampf bedeutet, welche Funktionen stressreiche Situationen haben, aus welchen Teilen Stress besteht und wie Sie darauf Einfluss nehmen können".

Es werden gemeinsam Szenen aus einem kürzlich absolvierten Wettkampf angeschaut. Danach sollen die Trainingsteilnehmer die Augen schließen und sich die soeben gesehenen Szenen noch einmal vorstellen. Besonderes Augenmerk soll dabei auf die körperlichen Reaktionen und auf die Gedanken und Gefühle in dieser Situation gelegt werden. Es folgt eine Sammlung von verschiedenen Situationen und Reaktionen der Teilnehmer. In einem zweiten Schritt werden Informationen über das zugrundeliegende Modell der Entstehung von Stress und der Stressbewältigung vermittelt. Dabei erläutert der Trainingsleiter den Trainingsteilnehmern das Stressmodell:

> „Das Auftreten von kritischen Situationen im Wettkampf und den daraus entstehenden negativen Emotionen ist ein völlig normales Ereignis. Auftretende kritische Situationen können sowohl positiv als auch negativ bewertet werden. Es gibt verschiedene Möglichkeiten die Bewertungen zu beeinflussen".

Es folgt eine detaillierte Erläuterung über emotionszentrierte und problemorientierte Bewältigungsstrategien und wann ihr Einsatz effektiv und adäquat ist. Weiterhin wird auf den positiven Einfluss des Einsatzes von Entspannungstechniken zur Erregungskontrolle hingewiesen. In einem dritten Schritt wird eine Entspannungsübung durchgeführt. Der Übungsleiter schildert die verschiedenen Möglichkeiten, Erregung zu regulieren.

Die Sitzungen 2 und 3 können alternativ in den normalen Trainingsablauf eingebaut werden. Hierbei kann z. B. während einer Tempotrainingseinheit ein „Trainingswettkampf" inszeniert werden, indem möglichst gleichstarke Schwimmer in ihren Hauptstrecken aufeinandertreffen. Ziel für jeden Sportler soll es sein, diesen Trainingswettkampf zu gewinnen. Der Trainingswettkampf wird vom Trainingsleiter aufgezeichnet. Direkt im Anschluss werden die Athleten mit diesem Wettkampf konfrontiert. Die aufgetretenen kritischen Situationen werden gemeinsam analysiert. Der Trainingsteilnehmer soll seine Situation noch einmal kurz verbal schildern und angeben, was ihm in dieser Situation durch den Kopf ging. Diese Gedanken werden dann (unter Umständen mit Hilfe von Tonbandaufzeichnungen) festgehalten. Sinnvoll sind an dieser Stelle auch Zeitlupendarstellungen und eine konkrete Fragestellung nach der Bedeutung des Ereignisses für die Situation und den Wettkampf insgesamt sowie nach den Emotionen des Schwimmers. Nach der Situationsanalyse wird an den Trainingsteilnehmer folgende Frage gestellt: „Versuchen Sie sich jetzt noch einmal in diese Situation hineinzuversetzen. Wie könnte man noch mit dieser Situation umgehen?" Die anderen Trainingsteilnehmer werden mit in die Diskussion einbezogen, um weitere Gedanken zu finden. Anschließend sollen sich alle Trainingsteilnehmer wettkampftypische, kritische Situationen, die subjektiv wenig kontrollierbar sind und ihren bisherigen Umgang damit vorstellen. Dazu sollen sie sich kurz entspannen und sich danach ganz konkret in eine solche Situation hineinversetzen. Anstatt der früheren Anwendung einer eher problemorientierten Selbstinstruktion (z. B.: „..., versuche ich mich daran zu erinnern, wie ich das letzte Mal mit ihm fertig geworden bin!"), soll sich der Teilnehmer nun vorstellen, wie er die Situation einfach umbewertet (z. B.: „..., dann lass ich ihn eben jetzt davonziehen, in spätestens 150 m sehen wir uns schon wieder!"). Nach der Durchführung einer Entspannungsübung werden die einzelnen Trainingsteilnehmer befragt, wie sie mit dieser Übung zurechtgekommen sind. Es folgt ein nochmaliges Durchführen einer solchen Visualisierungsübung mit anschließender Entspannung.

8.3.2 Der zweite Teil: Das Problemlösetraining

Ziel des Stressbewältigungstrainings ist es, dass die Athleten auftretende kritische Situationen nicht lediglich als schicksalhaft und den Ausgang vom Glück abhängig bewerten, sondern dass sie diese Situationen als Problem auffassen, welches sie durch Bewertungsprozesse maßgeblich beeinflussen können. Wird eine Situation erst einmal als Problem aufgefasst, das nach einer Lösung verlangt, können mentale Blockierungen aufgehoben werden. In diesem Block sollen die Trainingsteilnehmer lernen:

- kritische Situationen und Bewältigungsstrategien eigenständig zu benennen;
- effektives und adäquates Bewältigen zu definieren und Ziele zu benennen;
- mögliche Lösungen zu entwickeln;
- Lösungsmöglichkeiten zu reflektieren und kritisch zu bewerten;
- sich für die beste annehmbare Lösung zu entscheiden;
- Wege zur Umsetzung in die Wettkampfpraxis auszuarbeiten;
- die Wirksamkeit der angewandten Strategien zu überprüfen.

Im zeitlichen Ablauf folgt dann in den folgenden Sitzungen des Stressbewältigungstrainings die Beschäftigung des Athleten mit einer Situation, die als kritisch bezeichnet wird und daher so detailliert wie möglich verbal beschrieben werden kann. Nach einer ersten Verbalisierung durch die Athleten wird ein Video angeschaut, das diese Problematik mit Bildmaterial darstellt. Durch die bewegten Bilder werden die Athleten dazu animiert, sich eine solche Situation genau zu vergegenwärtigen und sich vor das geistige Auge zu holen. Oftmals hilft es zur realistischen Vorstellung die Augen zu schließen und sich mit allen Sinnen in die Situation hineinzuversetzen. Bei dem Wiedererleben der Situation spielt insbesondere die Bewertung der aufgetretenen kritischen Situation bezüglich ihrer Bedrohlichkeit eine zentrale Rolle. Danach erfolgt eine Sammlung der verschiedenen Bewältigungsmöglichkeiten für a) subjektiv kontrollierbare Situationen und b) wenig bis gar nicht kontrollierbare Situationen, und eine anschließende Diskussion über eine sinnvolle, effektiv-adäquate Bewältigung dieser Situation in der Trainingsgruppe oder in der Trainer-Sportler-Interaktion.

In den darauffolgenden Sitzungen bekommen alle Trainingsteilnehmer zunächst die Anweisung, sich selbständig zu entspannen. Ein Teilnehmer soll dann kritische Situationen aus einem kürzlich absolvierten Wettkampf schildern. Eine zentrale Rolle spielt hier wiederum eine konkrete Darstellung der subjektiven Situationskontrolle. Die anderen Trainingsteilnehmer sollen dann Lösungsmöglichkeiten für diese Situationen anbieten und diskutieren. Stellt es euch vor, wie eine Art Intervision zwischen den ganzen Schwimmexperten. Der Trainingsleiter fasst die Vorschläge zusammen und erläutert sie noch einmal in Verbindung mit den Bewältigungsempfehlungen für subjektiv kontrollierbare bzw. wenig kontrollierbare Situationen. Danach spielt er allen Trainingsteilnehmern Szenen aus vergangenen Wettkämpfen vor. Die Trainingsteilnehmer sollen nun spontan die Situation, bezogen auf ihre subjektive Kontrollierbarkeit, beschreiben und anschließend einen Lösungsvorschlag formulieren. Dieser wird in der Gruppe diskutiert und analysiert. Abschließend werden die Teilnehmer befragt, wie sie mit der Übung zurechtgekommen sind. Es erfolgt eine erneute Durchführung mit der Schilderung eines anderen Teilnehmers.

8.4 Zusammenfassung

Mit diesem Stressbewältigungsprogramm arbeiten wir schon seit einigen Jahren und haben bisher gute Rückmeldungen von den teilnehmenden Sportlern erhalten. Es sollte in diesem Kapitel deutlich werden, dass die Entstehung von Stress weitestgehend mit der subjektiven Bewertung einer Situation zusammenhängt. Weiterhin zählen die Abschätzung der eigenen Leistungsfähigkeit und insbesondere der Bewertung der eigenen Bewältigungsressourcen dazu. Mit Bewältigungsressourcen sind die Vielfalt der verschiedenen Selbstinstruktionstechniken sowie die Fähigkeit die eigene subjektive Bewertung zu beeinflussen, gemeint. Mit dem hier vorgestellten Stressbewältigungsprogramm sollten Sie in der Lage sein, genau diese Fähigkeiten zu erlangen.

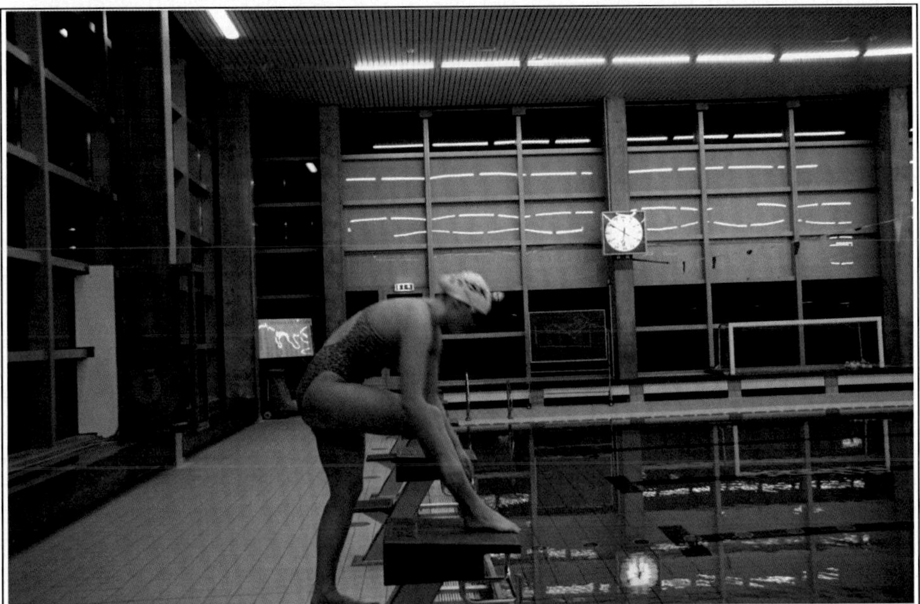

Bild 16. Kritische Situation: Der Start. (© Privat)

9 Direkte Vorbereitung auf den Wettkampf

Wenn du das Buch bis hierher gelesen hast, hast du viel Input erhalten, welche Möglichkeiten die Sportpsychologie bereithält. Und diese haben keinen Anspruch auf Vollständigkeit, da es hier nur ein Anteil sein kann und nie alle Varianten und Ideen abgebildet werden könnten.

Aber eben auf Grund der Vielzahl an Informationen, möchten wir es in diesem Kapitel versuchen ein paar Beispiele aufzuzeigen, wie die Sportpsychologie im konkreten Fall der Wettkampfvorbereitung aussehen kann.

Das Training der meisten Athleten zielt auf bestimmte Wettkämpfe ab, an denen man seine Leistung zeigen möchte oder eben muss, weil dieser Wettkampf eine wichtige Bedeutung für die weitere Saisonplanung hat.

Es ist sicherlich so, dass sich auch die direkte Wettkampfvorbereitung von Person zu Person unterscheidet. Die folgenden Beispiele sollen nur ein Anhalt sein, wie eine sportpsychologisch unterstütze Vorbereitung aussehen kann. Nicht für jeden wird diese Form die richtige sein. Es gilt für jeden einzelnen sich seinen perfekten Weg zu erproben und zu eruieren, was er/sie braucht.

Die Wettkampfvorbereitung bezieht sich natürlich nicht nur auf die letzten Stunden vor dem Rennen. Es geht oftmals schon deutlich eher los mit der Planung der Anreise, Streckenplanung am Wettkampfwochenende, um genügend Pause zwischen den einzelnen Rennen zu haben und natürlich die direkte Wettkampfvorbereitung für die einzelnen Rennen. All diese Punkte vorbereitet zu haben, schützt vor unerwartetem Kontrollverlust und schafft daher Sicherheit für den Athleten. Viele Sportler schauen Sich vor dem Wettkampf das Meldeergebnis an, um die zu erwartenden Konkurrenten einzuschätzen und die eigene Bahnenpositionierung kennenzulernen. Hier besteht die erste Möglichkeit des Stressaufbaus schon weit im Vorfeld des eigentlichen Wettkampfes. Wurde durch die Meldezeit eine Außenbahn zugeteilt, sieht der ein oder andere seine Wahrscheinlichkeit auf ein sehr gutes Rennen schon dahin schwimmen, andere erkennen, dass Sie als Schnellste der Vorläufe gesetzt sind und bauen dadurch Druck und Stress bei sich auf.

Die Wahl der richtigen Wettkampfanzüge spielt in der Vorbereitung bei einigen auch eine wichtige Rolle. Kann ich den Anzug für alle Strecken tragen oder brauche ich für ein bestimmtes Rennen einen anderen Anzug? Habe ich genug Zeit zwischen den beiden Strecken, um auszuschwimmen, mich umzuziehen und wieder in die neue Startvorbereitung zu gehen?! Fragen, die einen Schwimmer oftmals im Vorfeld beschäftigen und „Stolperfallen“ des Stresses sein können.

Zwischen der Planung des Wettkampfes und dem eigentlichen Rennen liegen oftmals Wochen und Monate. Die Zeit wird selbstverständlich bestmöglich mit einer passenden Trainingssteuerung vorbereitet und im richtigen Moment das Training reduziert, um topfit in den Wettkampf starten zu können. Doch arbeitet in der Zeit manchmal nicht nur der Körper, sondern auch der Kopf, der viel Zeit zum Nachdenken bekommt. Nachdenken über die zu erwartenden Gegner, die eigenen Chancen,

die Wettkampfstrecken, die Reihenfolge der Rennen und die Wettkampfstätte, die möglicherweise nicht das Lieblingsbecken beherbergt.
So werden Zweifler genügend Ansätze finden, um sich negativen Stress zu bereiten, aber der Selbstbewusste, der sich seines Könnens im Klaren ist, dem egal ist, welches Rennen zuerst kommt, auf welcher Bahn er schwimmen muss und in welchem Becken der Wettkampf ausgerichtet wird – er richtet sich an dieser Situation auf und münzt sie in positiven Stress um.
Der Zweifler wird sich wohl eher sagen hören „dieser Wettkampf ist meine letzte Chance mich zu qualifizieren, jetzt MUSS ich es schaffen“, der andere aber „dieser Wettkampf ist meine letzte Chance mich zu qualifizieren, ich werde mich gut vorbereiten, dann schaff ich es bestimmt“. Welcher der beiden Ansätze der zielführende ist, muss nicht weiter thematisiert werden.
Ziel sollte also sein, sich über die Saison hin Techniken anzueignen, die einem die eigenen Stärken bewusst machen.
Zur weiteren direkten Vorbereitung auf den Wettkampf gehört eine frühzeitige Anreise, die dadurch erst gar keinen zeitlichen Stress aufkommen lässt. Zumindest für das Wettkampfhighlight des Jahres wird die Anreise zumindest am Vortag erfolgen. Dann können nicht nur die organisatorischen Belange, wie Einchecken und Zeitmanagement zum Schwimmbad etc. in Ruhe erledigt werden. Nein, auch die Wettkampfstätten können ausgiebig besichtigt und bestenfalls eine letzte kleine Einheit im Wettkampfbecken abgehalten werden.
Es sollte sich mit allen Gegebenheiten vor Ort nochmal vertraut gemacht werden. Wo sind die nächsten Toiletten, die Umkleidemöglichkeiten, die Ausschwimmbecken und vielleicht auch ein ruhiger Ort zu Vorbereitung und Erwärmung für den Start.

Der Wettkampftag! Morgens schon nervös und aufgeregt? Sicherlich geht es jedem Athleten so. Ein gewisser Vorstartzustand muss einfach sein, denn dieser ist im Allgemeinen eher förderlich für den Wettkampfablauf. Nur derjenige, der eher hypernervös ist, sollte die Techniken, die im Jahresverlauf innerhalb der Aktivierungsregulation erlernt wurden, nun anwenden. Hier spielt es nun wahrlich keine Rolle, ob dies in Form von Autogenem Training, Atemübungen oder als „Progressive Muskelrelaxation“ (PMR) erfolgt – nur nützen müssen die Übungen und sie sicher erlernt und verankert sollen sie sein, damit man von seinem hohen Erregungszustand auf ein optimales Aktivierungsniveau kommt. Laut wissenschaftlichen Untersuchungen gibt es für jede Bewältigung einer Anforderung ein optimales Erregungsniveau.

Wenn man die Wettkampfstätte bereits kennt, ist es von Vorteil, wenn man sich auch visuell auf die Routinen vor dem Start vorbereitet.
Nehmen wir ein Beispiel zur Hand. Die Deutschen Meisterschaften finden jährlich in Berlin statt. Das Springerbecken und das Becken in der ersten Etage stehen zum Aus- und Einschwimmen während des Wettkampfbetriebes zur Verfügung, der lange Kabinentrakt ist mit Umkleiden und Toiletten bestückt und unter den Tribünen sind einige Räume für die Physios und Sportler. Das Wissen eignet sich wunderbar, um die Abläufe gedanklich schon zu trainieren.

Nachdem der Wettkampfanzug angezogen wurde, geht es zurück in die Schwimmhalle zur Mannschaft. Dort werden aus der Tasche die Wettkampfbrille und Badekappe genommen, ggf. ein Terraband und Handtuch zur Erwärmung mitgenommen und noch mal ein Schluck getrunken. Dann geht es in einen ruhigen Raum unterhalb der Tribüne, in der ich mein wettkampfmäßiges Aufwärmprogramm durchführe. Zur Steigerung der Aktivierung werden, wie immer, auch ein paar Liegestütze eingebaut. Vier Läufe bevor ich ins Wasser gehe, mache ich mich auf in den Vorstartbereich in dem ich mir nun Brille und Badekappe aufsetze und den Sitz 2x überprüfe und den Wettkampfanzug noch mal zurechtrücke. Dann sind 2 min volle Konzentration und mentales Training mit dem Rennverlauf dran. Auf dem Weg zum Startblock geht mir die Melodie des Liedes „Erfolg ist kein Glück“ durch den Kopf. Das Rennen kann beginnen. Kleidung ablegen, Oberschenkel und Oberarme werden noch einmal „wachgeklopft“, Brille aufgesetzte, Wasser ins Gesicht und volle Konzentration auf meine Bahn, auf mein Rennen auf meine Stärken, die ich jetzt zeigen kann.

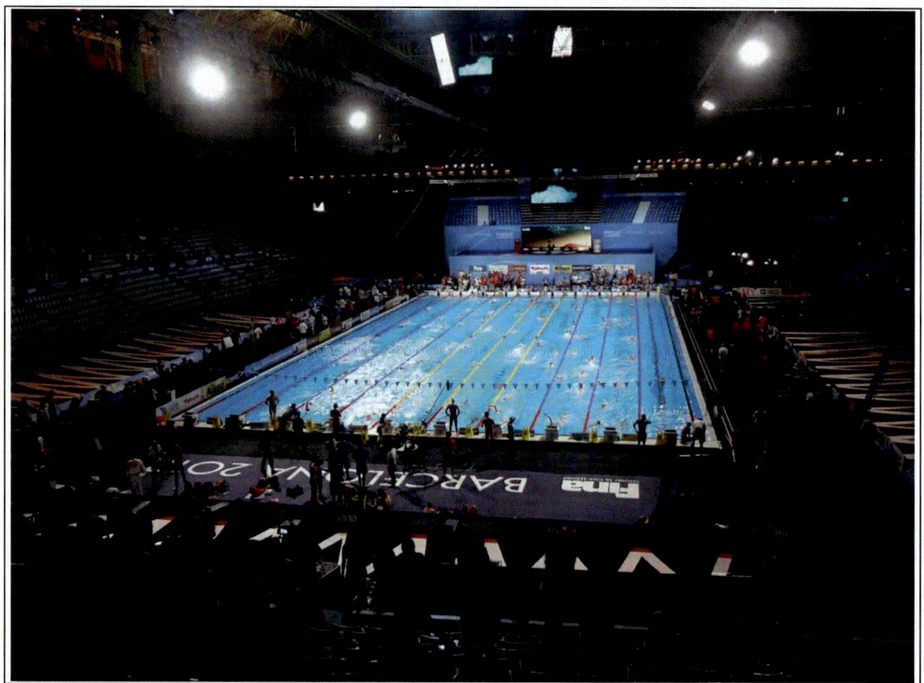

Bild 17. Einschwimmen als Teil der direkten Wettkampfvorbereitung. (© Privat)

10 Gruppenzusammenhalt in der Trainingsgruppe

Schwimmen ist eine Individualsportart. Klar im Wettkampf heißt es hauptsächlich Athlet gegen Athlet, ausgenommen Staffelwettbewerbe. Doch findet das Training meist nicht allein mit dem Trainer statt. Hier finden sich Trainingsgruppen, die gemeinsam an einer Leistungssteigerung arbeiten. Und diese Trainingsgemeinschaft ist gar nicht ein so unwichtiger Faktor im sportpsychologischen Sinne. Nicht nur, dass sich trainingswissenschaftlich sicher einige Dinge besser realisieren lassen, wenn mehrere zusammen trainieren und man bestenfalls von dem anderen profitieren kann. Auch für die mentale Sichtweise ist das Training in einer Gruppe unter Umständen vorteilhaft. Bei Motivationsverlust schafft es die Gruppendynamik und das Gemeinschaftsgefühl unter Umständen den Sportler erneut zu einer guten Trainingsstimmung und Motivation zu verhelfen. Der Austausch mit anderen Athleten ist ein wichtiger Faktor für viele Sportler. Themen wie Wettkampfvorbereitung, Trainingssteuerung, Erholung, Umgang mit Verletzungen aber auch privaten Belastungen können schon im Gruppenrahmen gemindert werden. Was darüber hinaus den Athleten beschäftigt, sollte dann besser in fachmännische Beratung übergeben werden. Förderlich für eine angenehme Trainingsgruppe ist sich ein gemeinsames Ziel zu setzen. Auch wenn am Ende jeder für sich den Wettkampf bestreitet, kann es Ziele geben, die auf jeden einzelnen zutreffen. Gemeinschaftliche Ziele und vor allem das gemeinschaftliche Umsetzen schaffen es Energie und Aufmerksamkeit für das Ziel freizusetzen. Das kann jedem einzelnen nur zugutekommen. Durchhänger oder Abweichungen sind direkt im Gruppenrahmen auffangbar und lösbar.

Was bringt uns eine Gruppe/ein Team?

Was man selbst zu leisten im Stande ist, wissen viele Sportler, zumindest grob. Der Begriff der Selbstwirksamkeit beschreibt hierbei in der kognitiven Psychologie die Überzeugung einer Person, auch schwierige Situationen und Herausforderungen aus eigener Kraft bewältigen zu können (Bandura, 1997).

Weiter beschreibt das „Konzept der Selbstwirksamkeitserwartung" von Bandura die Erwartung einer Person, aufgrund eigener Kompetenzen gewünschte Handlungen und Ziele erfolgreich selbst ausführen zu können. Heißt also, dass jemand mit wenig Kompetenz in diesem Bereich eher laienhaft agiert, seine eigene Leistungsfähigkeit wenig bis gar nicht einstufen kann und daher eine niedrige Selbstwirksamkeitserwartung aufweist. Dem gegenüber stehen die Experten ihrer Sportart und ihrer Selbst, die mit einem hohen Maß an Wissen über die aktuelle Aufgabe und über ihre eigenen Fähigkeiten aufweisen. Ihr fragt euch sicherlich, was das denn nun mit der Arbeit im Team zu tun hat. Neben der beschriebenen individuellen Kompetenzerwartung gibt es auch die kollektive Kompetenzerwartung der Selbstwirksamkeit. Gibson (2003) definiert die kollektive Selbstwirksamkeit als die gemeinsame Überzeugung von Teammitgliedern, inwieweit Motivation, kognitive Fähigkeiten und Handlungen mobilisiert werden können, um ein gemeinsames Handlungsziel zu erreichen. Konkret für eine höhere kollektive Selbstwirksamkeitserwartung auch zu einer besseren Leistung.

Faktoren dafür sind eine aktivere Auseinandersetzung bei unerwarteten Schwierigkeiten, eine höhere Anstrengungsinvestition zur Zielerreichung und das eigenständige Bestreiten neuer Wege, um Probleme zu lösen. (Schwarzer & Schmitz, 1999; Schwarzer & Jerusalem, 2002).

Was heißt das für die Praxis?

Fügt Euch zu Trainingsgemeinschaften zusammen und macht Euch Gedanken zu gemeinschaftlichen Zielen für Euer Team. Sucht den Austausch und den Vergleich, um daran zu wachsen, ganz individuell aber auch als Mannschaft. Bildet vielleicht auch Untergruppen, um die Qualitäts- oder Geschwindigkeitsunterschiede durch verschiedene Abgangszeiten beispielsweise zu differenzieren. Am Ende macht es uns doch Spaß, wenn wir von Menschen umgeben sind, die unsere Leidenschaft für das Schwimmen teilen und die meine „Passion" verstehen.

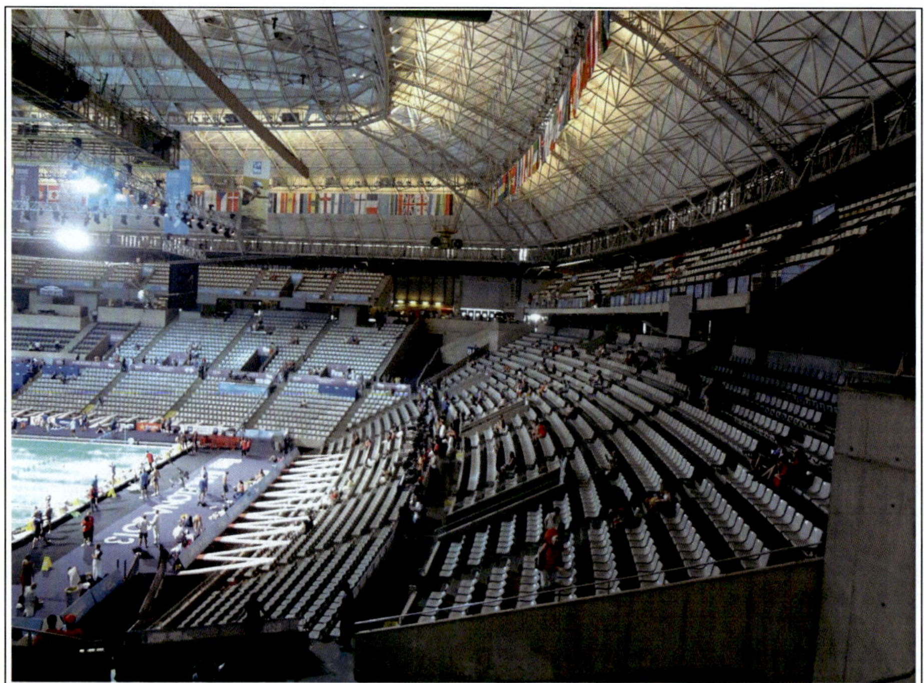

Bild 18. Auf Wettkämpfen spielt der Gruppenzusammenhalt durchaus eine große Rolle. (© Privat)

11 Freiwasserschwimmen

Wollen wir uns noch denen widmen, die sich in den Wellen der Meere und Seen dieser Welt herumschlagen und im Freiwasser die längeren Schwimmdistanzen von 5, 10 oder gar 25 km absolvieren.

Das Anforderungsprofil eines Freiwasserathleten unterscheidet sich durchaus von einem Beckenschwimmer. Vielleicht nicht hinsichtlich des Körperbaus oder dem Umgang mit dem Element Wasser, aber sicherlich im Hinblick auf Orientierung, Kampf und Wassergegebenheiten.

Im beleuchteten Becken, mit seinen Kacheln, Linienführung auf dem Boden und Leinen zur Begrenzung fällt zum einen das orientieren leichter, und die Wettkampfleinen sollen auch die Wellenaktivität der Gegner auf den Nebenbahnen eindämmen. Im Freiwasser ist man all dem schutzlos ausgeliefert. Da kommen Ellenbogen geflogen, Wellen schwappen bei der Atmung über einen hinweg und das klassische seitliche Atmen beim Freistilschwimmen muss durch eine Atmung nach vorne ergänzt werden, um den Weg zur nächsten Boje anzupeilen und so wenig Meter wie möglich zusätzlich zu machen.

Was heißt das für die psychologischen Komponenten eines Freiwasserathleten?

Interessant ist es für einen Freiwasserschwimmer sicherlich, Übungen zur Aufmerksamkeit und Konzentration zu erlernen. Über die doch deutlich längere Wettkampfdauer im Vergleich zu den Beckenwettbewerben, muss der Freiwassersportler das Rennen lesen können. Konzentration auf sich selbst, zum Beispiel in Hinblick auf die Renntaktik und das Hineinhören in den eigenen Körper ist ebenso wichtig, wie das taktische Geschehen, um einen herum im Auge zu behalten und dort einen Teil der Aufmerksamkeit zu platzieren. Ebenso muss konzentriert mit Veränderungen des Windes und die dadurch entstehenden Wellen und Wasserbedingungen umgegangen werden.

Viele Sportler, die sich auf diesem Gebiet probieren wollen, merken, dass es doch sehr wohl nicht einfach nur Schwimmen ist. Im Gespräch mit Freiwasserschwimmer und Teil der Nationalmannschaft Andreas Waschburger haben sich viele Interessante Fakten ergeben.

Es ist klar, dass auch Freiwasser nicht gleich Freiwasser ist. Die Differenzierung zwischen den 5, 10 oder 25 km ist wichtig, weil sich auch die psychologischen Anforderungen mit der Streckenlänge ändern können.

In den 5 und 10 km-Rennen hat man, auch wenn man das vermuten würde, gar nicht so viel Zeit zum Nachdenken. Es geht darum, sich bestmöglich zu positionieren und die Konzentration dafür über die gesamte Länge des Wettkampfes aufrecht zu erhalten. Bei den 25 km ist es dann ein klein wenig anders. Eine ständige Aufmerksamkeit ist auch hier von Nöten. Allerdings ist es eine Konzentration auf ein „Mitschwimmen“ und „im Feld zu bleiben“. Eine gute Renneinteilung ist hierbei von Bedeutung, um wichtige Körner nicht frühzeitig zu verschleudern, da ein solches Rennen meist um die 5 Stunden dauert.

Was einen guten Freiwasserschwimmer auszeichnet ist seine Orientierungsfähigkeit. Das Einschwimmen am jeweiligen Wettkampfort dient dazu, sich Punkte heraus zu suchen, die einem Hilfe für den Weg im Wasser liefern. Andreas Waschburger erklärt dazu, dass er sich in beispielsweise Häuser, Berge, Bäume und/oder Gebäude fokussiert, die auf der Linie zur Boje liegen. Dies hat den Vorteil, dass man auch bei eingeschränkter Sicht durch die Begleitboote oder höheren Wellengang diese nicht sehen kann.
Hier bietet es sich an, wenn man die Wettkampforte mehrfach bereist, um dort zu starten, sich mit mentalem Training schon visuell auf die Örtlichkeit einzustellen. So kann man im Vorhinein dies schon im Kopf durchgehen und schafft Sicherheit für kritische Situationen während des Rennens, wenn die Sorge aufkommt, dass man von der optimalen Linie abweicht.
Ebenso wichtig wie die Orientierung ist die Fähigkeit im Windschatten zu schwimmen, sofern das möglich ist, um Kräfte zu sparen. Das heißt, sollte man nicht weit vorne wegschwimmen, weil man stärker ist, als das Feld, in der Gruppe zu bleiben und dort nicht ständig die Führungsarbeit zu leisten. Man kann das Windschattenschwimmen durchaus mit den Radfahrern vergleichen, die dort, wie an der Perlenschnur aufgezogen, ihre Kräfte sparen und auch die Führung oftmals untereinander wechseln.
Ein Tipp hierfür wäre es den Unterschied im Training mal zu spüren und bestmöglich zu beschreiben, um sich dieses Bild für das Rennen zu verankern und daraus Kraft zu schöpfen.
Bei den 10 und 25 km-Distanzen kommt noch der Faktor der Nahrungsaufnahme hinzu. Diese stellt eine schwere Aufgabe für Schwimmer und Trainer im Boot da. Es ist darauf zu achten, dass die Nahrung beim Athleten ankommt, nicht vorher schon im Wasser landet oder ein anderer Teilnehmer sie von der Stange reist. Hier sind sehr detaillierte Absprachen hilfreich, ebenso wie Hilfsmittel wie Fahnen oder auffällige Farben. Wir möchten daher empfehlen sich dafür bewusst Zeit zu nehmen, um das bestmögliche Paket auszuarbeiten, zu testen und bei Bedarf anzupassen. Wie die Orientierungspunkte kann die Nahrungsaufnahme damit hervorragend in das Mentale Training eingebaut werden.
Abweichend zu den Beckenschwimmern ist es für die Freiwasserathleten wichtig neben der „klassischen“ Seitenatmung auch die Atmung nach vorne ins Training einzubauen, die sie für den Wettkampf für die Orientierung benötigen. Doch trainieren viele Athleten abseits der Wettkämpfe im Becken und benötigen dort die Atmung nach vorne also gar nicht. Eine schöne Übung ist es, die Aufmerksamkeit und Konzentration mit dieser Sonderform der Atmung zu verbinden und dafür aus unterschiedlichen Distanzen im Becken von verschiedenen Plätzen am Beckenrand einfache Rechenbeispiele angezeigt zu bekommen. Damit wird das Orientieren zur Aufgabe am Beckenrand geschult und die Konzentration für die kognitive Aufgabe. Und spaßig darf es auch noch werden. Diese Aufgabe kann natürlich beliebig variiert werden und

nach den Wünschen des Trainers und Athleten angepasst werden. Statt Rechenaufgaben können es auch Merkaufgaben oder Wissensaufgaben sein. Eurer Kreativität sich keine Grenzen gesetzt.
Auch wenn man es nicht glauben mag, aber auch bei den Schwimmern im Freiwasser geht es oft um Zehntelsekunden beim Endspurt, welche dann Sieger und Platzierte trennen. Daher ist das Nachstellen dieser Situation des Anschlages unbedingt auch zu trainieren. Eine einfache, aber effektive Möglichkeit stellt das Aufhängen eines Schwimmbrettes an den Rückenfähnchen dar. Durch die gewonnene Höhe simuliert dies wunderbar den Anschlag im Wettkampf. Dies kann man dann weiter mit Bildern und energiereichen Visualisierungen unterstützen, um den maximalen Erfolg für die vielleicht entscheidenden letzten Meter zu gewinnen. Das Brett, welches eben nicht nur den Anschlag und damit das Ende des Rennens darstellt, sondern der Aus-Knopf der Batterie, die aus den letzten Löchern pfeift, weil sie total ausgeleert ist oder ganz abstrakt das finale Aufklatschen des gebratenen Schnitzels auf dem Teller, bereit für den Verzehr. Wie schon erwähnt, der Fantasie sind keine Grenzen gesetzt. Hauptsache ist, das Bild ist individuell für den Sportler geschaffen, spiegelt sich in seinem Leben irgendwie wider und hat eine positive Wirkung, die den Anschlag und die damit verbundenen letzten Reserven freisetzt.

Ein weiteres Thema, welches für die Freiwasserathleten speziell ist, sind die verschiedenen Temperaturbedingungen, die in den Gewässern in denen geschwommen wird vorherrschen. Der Grenzbereich verläuft sich dort zwischen 16 und 31 Grad Celsius, wobei bei 16 bis 18 Grad Wassertemperatur eine Neoprenanzugpflicht besteht und dieser bei Werten zwischen 18 und 20 Grad optional getragen werden kann. Ein klassisches Kältetraining erscheint daher nicht mehr so zielführend, besser ist das Training mit dem Neoprenanzug an sich. Sicherlich ist es sehr individuell, ob man lieber mit oder ohne den Anzug schwimmt, aber so oder so ist es wichtig auch das ungeliebte zu trainieren und sich positiv einzustimmen. Es ist daneben ja nicht nur die Wassertemperatur, sondern auch die Art des Gewässers. Bei Wettkämpfen im Salzwasser ist es erforderlich, den Körper mit Vaseline einzureiben, um ein Aufscheuern zu verhindern. Und auch diese Besonderheit gilt es zu trainieren und bestenfalls auch mental vorzubereiten, damit das Gefühl und die Rituale vor dem Start auf Grund der Örtlichkeit und dem Gewässer entsprechend angepasst sind und somit ein Gefühl von Sicherheit bringen.

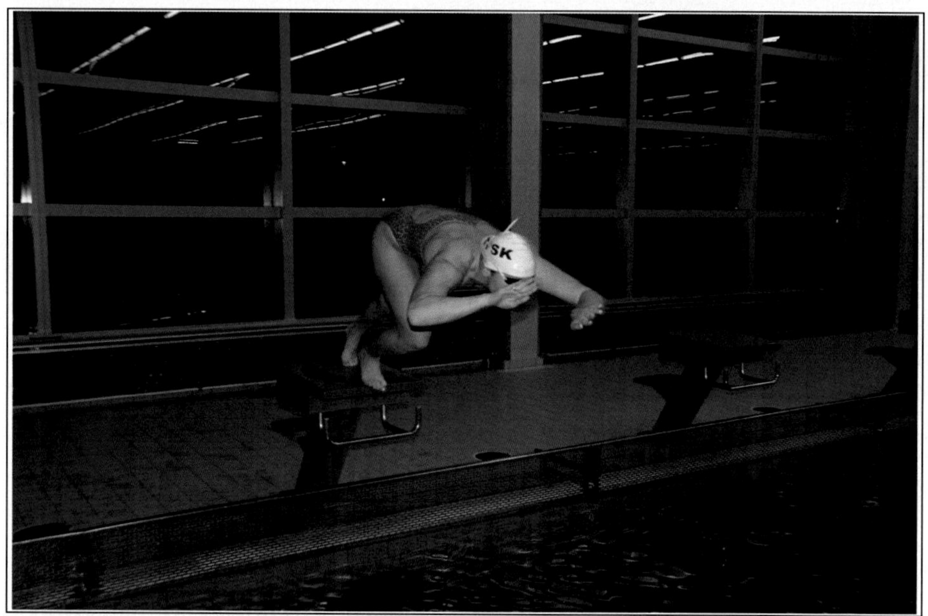

Bild 19. Wieder ohne Witterungseinflüsse, mit angenehmer Wassertemperatur und Markierungen auf dem Beckenboden schwimmen. (© Privat)

12 Schlusswort

Ein Ziel dieses Buches war es, Dir zunächst die Scheu vor dem Fach Psychologie zu nehmen. Weiterhin haben wir versucht, Euch einige Möglichkeiten aufzuzeigen, wie Ihr „Mentale Trainingsformen" speziell in Eurer Sportart Schwimmen anwenden können. Viele von den hier vorgestellten Verfahren lassen sich problemlos in das tägliche Training einbauen. Aber und das möchten wir noch einmal betonen:

Wenn Du „mental" trainierst, dann trainiere systematisch und langfristig in entspannter Atmosphäre. Lasse diese Trainingsformen nicht zu „Eintagsfliegen" werden, da sie ansonsten nicht zu Deiner Leistungsoptimierung beitragen können.

Solltest Du Anmerkungen oder Fragen haben, dann schreibe uns. Wir freuen uns immer über konstruktive Kritik:

Kathrin Seufert
Oberreihe 8
28717 Bremen
E-Mail: mentalsieger@gmail.com

Prof. Dr. Oliver Stoll
Universität Halle-Wittenberg
Institut für Sportwissenschaft
von-Seckendorff-Platz 2
06120 Halle (Saale)
E-Mail: oliver.stoll@sport.uni-halle.de

PD Dr. Heiko Ziemainz
Universität Erlangen-Nürnberg
Department für Sportwissenschaft und Sport
Gebbertstr. 123b
91058 Erlangen
E-Mail: heiko.ziemainz@fau.de

Literatur

Alfermann, D., & Stoll, O. (2016). *Sportpsychologie: Ein Lehrbuch in 12 Lektionen* (Vol. 4). Meyer & Meyer Verlag.

Bandura, A. (1997). *Self-efficacy: The exercise of control.* Freeman.

Beckmann-Waldenmayer, D., & Beckmann, J. (2012). *Handbuch sportpsychologischer Praxis: mentales Training in den olympischen Sportarten.* Spitta.

Brewer, B. W. (Eds.). (2009). *Sport Psychology.* Blackwell.

Doubrawa, R. (1992). Das autogene Training in verhaltenstherapeutischer Sicht. *Praxis Klinische Verhaltensmedizin und Rehabilitation*, 20, 250-258.

Draksal, M. (2003). *Praktische Sportpsychologie.* Draksal

Eberspächer, H. (1995). Mentales Training: ein Handbuch für Trainer und Sportler. sportinform Verlag.

Eberspächer, H. (2012). *Mentales Training: Das Handbuch für Trainer und Sportler.* Stiebner Verlag GmbH.

Engbert, K. (2011). *Mentales Training im Leistungssport: Ein Übungsbuch für den Schüler-und Jugendbereich.* Neuer Sportverlag.

Fritzsche, K., Krahmann, H., & Rösner, S. (2003). Entspannungsverfahren und Körperwahrnehmung. In K. Fritzsche, W. Geigges, D. Richter & M. Wirsching (Hrsg.). *Psychosomatische Grundversorgung* (pp. 149-169). Springer.

Gibson, C. B. (2003). The Efficacy Advantage: Factors Related to the Formation of Group Efficacy 1. *Journal of Applied Social Psychology*, *33*(10), 2153-2186.

Hohmann, A., Lames, M. & Letzelter, M. (2002). Einführung in die Trainingswissenschaft. Limpert.

Jacobson, E. (1990). Entspannung als Therapie. *Progressive Relaxation in Theorie und Praxis*, *7.*

Lohmann, R. (1996). Suggestive und übende Verfahren. *Uexküll, T. v. (Hrsg) Psychosomatische Medizin*, *5*, 450-463.

Lutz, R. (1985). Wirkmechanismen und differentielle Effekte unterschiedlicher Entspannungstechniken. *Diagnostik psychischer und psychophysiologischer Störungen.* Bonn: Deutscher Psychologen Verlag, 217-230.

Lutz, H. (2017). *Life Kinetik: Bewegung macht Hirn.* Rowohlt.

Margraf, J. (2009). *Lehrbuch der Verhaltenstherapie* (Vol. 3). Springer.

Mayer, K. C. Progressive Muskelentspannung-Jacobson Entspannungstraining-oder Progressive Muskelrelaxation (PMR) Wo sie herkommt. Letztes Update am (M/T/J)11/30/2019 https://www.neuro24.de/entspan.htm

Nitsch, J. R., & Hackfort, D. (1979). Naive Techniken der Psychoregulation im Sport. In H. Gabler, H. Eberspächer, E. Hahn, J. Kern & G. Schilling (Hrsg.), *Praxis der Psychologie im Leistungssport* (S. 299-311). Bartels & Warnitz.

Petermann, U., & Pätel, J. (2009). Entspannungsverfahren. In S. Schneider & J. Markgraf (Hrsg.) *Lehrbuch der Verhaltenstherapie – Band 3* (pp. 243-254). Springer.

Phelps, M., & Abrahamson, A. (2009). *No limits: The will to succeed.* New York: Free Press.

Rudolph, K. (2015). Nachwuchskonzeption Schwimmen 2020 – Vom Grundlagen-bis zum Anschlusstraining [Long-term Athlete Development in German Swimming 2020—from junior to elite level]. *Kassel: Deutscher Schwimm-Verband eV [German Swimming Federation].*

Schlicht, W. (1989). Belastung, Beanspruchung und Bewältigung, Erster Teil: Zentrale Komponenten sportlichen Handelns. Erster Teil: Theoretische Grundlagen. *Sportpsychologie*, *3*(2), 10-17.

Schultz, J. H. (1987). *Das Autogene Training: konzentrative Entspannung.* Thieme.

Schultz, J. H. (2003). *Das autogene Training: konzentrative Selbstentspannung; Versuch einer klinisch-praktischen Darstellung.* Thieme.

Schwarzer, R., & Schmitz, G. S. (1999). Kollektive Selbstwirksamkeitserwartung von Lehrern: Eine Langsschnittstudie in zehn Bundesländern. *Zeitschrift für Sozialpsychologie*, *30*(4), 262-274.

Schwarzer, R., & Jerusalem, M. (2002). Das Konzept der Selbstwirksamkeit. *Zeitschrift für Pädagogik (Beiheft)*, *44*, 28-53.

Stiensmeier-Pelster, J., & Rheinberg, F. (Eds.). (2002). *Diagnostik von Motivation und Selbstkonzept.* Hogrefe Verlag.

Straub, S., & Hindel, C. (1993). Bewältigung belastender Wettkampfsituationen im Tischtennis. *Sportpsychologie, 1*, 17-22.

Stoll, O., Pfeffer, I. & Alfermann, D. (2010). *Lehrbuch Sportpsychologie*. Bern: Huber.

Terry, P. (1989). Mental zum Sieg. Ängste erkennen, Motivation steuern, sportliche Leistung steigern. BLV.

Ungerechts, B. (1986). Körpererfahrung im Sportschwimmen. In J. Funke, G. Treutlein & N. Sperle (Hrsg.), *Körpererfahrungen in traditionellen Sportarten* (S. 128-145). Putty-Verlag.

Volpert, W. (1977). *Optimierung von Trainingsprogrammen*. Andreas Achenbach.

Weinberg, R. S. & Gould, D. (2007). *Foundations of Sport and Exercise Psychology*. Champain, IL: Human Kinetics

Wilke, K., & Madsen, Ø. (1997). *Das Training des jugendlichen Schwimmers*. Schorndorf: Hofmann.

Yerkes, R. M., & Dodson, J. D. (1908). The relation of strength of stimulus to rapidity of habit-formation. *Punishment: Issues and experiments*, 27-41.

Zaudig, M., Trautmann-Sponsel, R. D., & Pielsticker, A. (2003). Entspannungsverfahren. In H.-J. Möller, G. Laux, H.-P. Kampfhammer (Hrsg.) *Psychiatrie und Psychotherapie* (pp. 711-745). Springer

Ziemainz, H. (1999). *Handlungskontrolle und Stressintervention im Triathlon*. Meyer & Meyer.

Ziemainz, H. & Rentschler, W. (2020). *Mentale Trainingsformen im Triathlon*. Feldhaus.

Ziemainz, H., & Stoll, O. (1999). Stress und Stressbewältigung im Sport. *Motivation und Volition im Sport vom Planen zum Handeln. Köln*, 218-222.

Die Autorin und Autoren

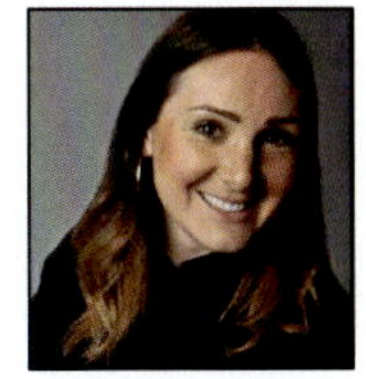

Kathrin Seufert ist Sportpsychologin (M. A.), ehemalige Leistungsschwimmerin und promoviert am Department für Sportwissenschaft der Martin-Luther-Universität Halle-Wittenberg. Das Thema ihrer Doktorarbeit befasst sich mit der Selbststeuerungsfähigkeit von Führungskräften (Trainer*innen) im Sport. Sie arbeitet aktuell als Sportpsychologin an einem Nachwuchsleistungszentrum im Fußball, ist als freiberufliche Sportpsychologin und als Referentin im Schwimmverband Nordrhein-Westfalen und Mittelrhein in der Traineraus- und -weiterbildung tätig. Darüber hinaus ist sie freiberufliche Dozentin an verschiedenen Institutionen, um die Sportpsychologie zu lehren. Sie ist Mitglied im Netzwerk „die-Sportpsychologen" und in der asp-Expertendatenbank.

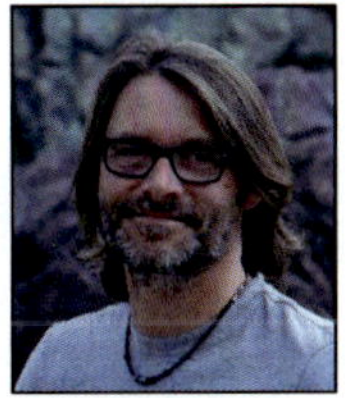

Oliver Stoll, Prof. Dr., ist seit 2000 Professor für Sportpsychologie und -pädagogik am Department für Sportwissenschaft der Martin-Luther-Universität Halle-Wittenberg. In dieser Zeit entwickelte er den ersten Masterstudiengang für Angewandte Sportpsychologie. Seine Arbeitsschwerpunkte sind Stress- und Stressbewältigung im Sport im Sport, Perfektionismus und Leistung im Sport, Flow-Erfahrungen und Runner's-High, Sport und psychische Gesundheit, Psychologie in Ausdauersportarten und Psychologisches Training im Sport. Er war u. a. leitender Sportpsychologe im Deutschen Schwimm-Verband und Teil der Olympia-Mannschaft in Peking 2008. Im Mai 2021 ist er zum Präsidenten der Arbeitsgemeinschaft Sportpsychologie (asp) gewählt worden. Seit 1983 absolvierte er zahlreiche Marathon-, Ultralangstrecken- und Ultratrailläufe sowie 1988 den Ironman Hawaii.

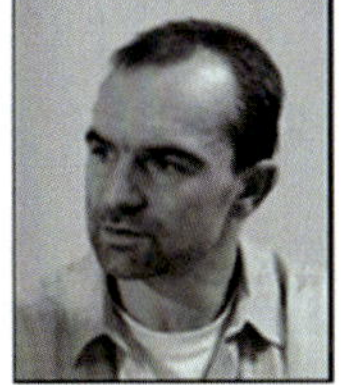

Heiko Ziemainz, PD Dr. phil., M. A., ist Sportwissenschaftler, promovierte an der Sportwissenschaftlichen Fakultät der Universität Leipzig. Er arbeitet seit Anfang 2001 am Department für Sportwissenschaft und Sport der Friedrich-Alexander-Universität Erlangen-Nürnberg. Dort ist er im Arbeitsbereich Public Health und Bewegung u. a. für den Bereich Sportpsychologie verantwortlich.
Seine Arbeitsschwerpunkte sind anwendungsorientierte Sportpsychologie in der Praxis des Leistungssports, Psychologisches Training im (Hoch-)Leistungssport und Psychologie in Ausdauersportarten. Er absolvierte mehrere Marathonläufe und ist mehrfacher IRONMAN-Finisher.

Schriftenreihen

Sportwissenschaft und Sportpraxis

Herausgeber: **Clemens Czwalina** ISSN 0342-457X

Band 88 **Nagel & Wulkop: Techniktraining im Hockey.** 1992. 168 S. ISBN 978-3-88020-229-0.
Band 90 **Hubert: Das Phänomen Tanz.** 1993. 158 S. ISBN 978-3-88020-233-7.
Band 95 **Schneider: Lehren und Lernen im Tennis.** 1994. 187 S. ISBN 978-3-88020-246-7.
Band 107 **Schöpe: Die Entwicklung der Bewegungsvorstellung im Gerätturnen.** 1997. 244 S. ISBN 978-3-88020-296-2.
Band 110 **Aeberhard: Planen und Gewinnen im Tennis.** 1997. 92 S. ISBN 978-3-88020-299-3.
Band 111 **Nagel: Fit und geschickt durch Seniorensport.** 1997. 160 S. ISBN 978-3-88020-300-6.
Band 112 **Thiele & Timmermann: Sportwissenschaftler auf dem Weg in die Arbeitswelt.** 1997. 128 S. ISBN 978-3-88020-314-3.
Band 115 **Meier: Organisation einer bewegten Kinderwelt.** 1998. 158 S. ISBN 978-3-88020-328-0.
Band 116 **Fikus & Müller (Hrsg.): Sich-Bewegen – Wie Neues entsteht.** 1998. 228 S. ISBN 978-3-88020-329-7.
Band 117 **Bös & Schott (Hrsg.): Kinder brauchen Bewegung – leben mit Turnen, Sport, Spiel.** 1999. 288 S. ISBN 978-3-88020-347-1.
Band 118 **Kuhn & Langolf (Red.): Volleyball in Forschung und Lehre 1998.** 1999. 172 S. ISBN 978-3-88020-348-8.
Band 119 **Bensch & Danisch: Spielorientiertes Tennistraining mit Kindern und Jugendlichen.** 2000. 128 S. ISBN 978-3-88020-352-5.
Band 120 **Schäfer & Roth (Hrsg.): Fenster in die Zukunft des Sports.** 2000. 136 S. ISBN 978-3-88020-355-6.
Band 121 **Langolf & Kuhn (Red.): Volleyball in Lehre und Forschung 1999.** 2000. 216 S. ISBN 978-3-88020-357-0.
Band 122 **Leirich & Leuchte (Hrsg.): Paradigmenwechsel in der Sportwissenschaft. 2000.** 200 S. ISBN 978-3-88020-358-7.
Band 123 **Marlovits: Über die Einheit von Empfinden und Sich-Bewegen.** 2001. 112 S. ISBN 978-3-88020-368-6.
Band 124 **Hinsching (Hrsg.): Breitensport in Ostdeutschland.** 2000. 144 S. ISBN 978-3-88020-369-3.
Band 125 **Scherer & Bietz (Hrsg.): Kultur – Sport – Bildung. 2000.** 152 S. ISBN 978-3-88020-378-5.
Band 126 **Kuhn & Langolf (Hrsg.): Vision Volleyball 2000.** 2001. 160 S. ISBN 978-3-88020-380-8.
Band 127 **Gerisch: Aggression im Fußball. Band 1.** 2002. 328 S. ISBN 978-3-88020-393-8.
Band 128 **Gerisch: Aggression im Fußball. Band 2.** 2002. 200 S. ISBN 978-3-88020-394-5.
Band 129 **Volkamer: Sportpädagogisches Kaleidoskop.** 2003. 222 S. ISBN 978-3-88020-396-9.28,-
Band 130 **Roth & Schäfer (Hrsg.): Fenster in die Zukunft des Sports 2.** 2002. 160 S. ISBN 978-3-88020-402-7.
Band 131 **Langolf & Zentgraf (Red.): Volleyball – Ansichten 2001.** 2002. 176 S. ISBN 978-3-88020-405-8.
Band 132 **Kelber-Bretz: Jonglieren – spielend lernen.** 2002. 112 S. ISBN 978-3-88020-411-9.
Band 133 **Verein früherer Schüler und Lehrer der Herderschule zu Rendsburg (Hrsg.): Die Zukunft des Schülerruderns.** 2003. 84 S. ISBN 978-3-88020-418-8.
Band 134 **Bach & Siekmann (Hrsg.): Bewegung im Dialog. Festschrift für Andreas H. Trebels.** 2003. 232 S. ISBN 978-3-88020-419-5.
Band 135 **Zentgraf & Langolf (Hrsg.): Volleyball aktuell 2002.** 2003. 136 S. ISBN 978-3-88020-429-4.
Band 136 **Mahlitz, Bomirska & Stepinski (Hrsg.): Bewegung, Sport und Gesundheit im regionalen Bezug.** 2004. 200 S. ISBN 978-3-88020-432-4.
Band 137 **Hinsching & Steingrube (Hrsg.): Sporttourismus und Region – Das Beispiel Mecklenburg-Vorpommern.** 2004. 180 S. ISBN 978-3-88020-433-1.
Band 138 **Scherler: Sportunterricht auswerten. Eine Unterrichtslehre.** 2., überarb. Aufl. 2008. 168 S. ISBN 978-3-88020-492-8.
Band 139 **Zentgraf & Langolf (Hrsg.): Volleyball – europaweit 2003.** 2004. 144 S. ISBN 978-3-88020-439-3.
Band 140 **Hebbel-Seeger, Kronester & Seeger: Skifahren und Snowboarden mit Kindern.** 2005. 120 S. ISBN 978-3-88020-444-7.
Band 141 **Bossert: Triathlon-Do. Der Weg zum Triathlon-Manager.** 2005. 216 S. ISBN 978-3-88020-453-9.
Band 142 **Zentgraf & Langolf (Hrsg.): Volleyball 2004 – Jubiläum.** 2005. 152 S. ISBN 978-3-88020-457-7.
Band 143 **Wolters: Bewegung unterrichten.** 2006. 200 S. ISBN 978-3-88020-463-8.
Band 144 **Loy: Taktik und Analyse im Fußball. Band 1.** 2006. 462 S. ISBN 978-3-88020-466-9.
Band 145 **Loy: Taktik und Analyse im Fußball. Band 2.** 2006. 564 S. ISBN 978-3-88020-467-6.
Band 146 **Langolf & Roth (Hrsg.): Volleyball 2005 – Beach-WM.** 2006. 136 S. ISBN 978-3-88020-475-1.
Band 147 **Merk: Klassenzimmer unter Segeln.** 2006. 216 S. ISBN 978-3-88020-476-8.
Band 148 **Pilz: Der Einfluss der Philanthropen auf die Turnbewegung von Friedrich Ludwig Jahn.** 2007. 88 S. ISBN 978-3-88020-486-7.
Band 149 **Kugelmann, Röger & Weigelt-Schlesinger: Mädchenfußball unter der Lupe.** 2008. 160 S. ISBN 978-3-88020-488-1.
Band 150 **Langolf & Roth (Hrsg.): Volleyball international in Forschung und Lehre 2006.** 2007. 96 S. ISBN 978-3-88020-489-8.
Band 151 **Philippi & Knollenberg: Zum Einfluss des Sportunterrichts auf das Körperkonzept.** 2007. 84 S. ISBN 978-3-88020-494-2.
Band 152 **Kuhlmann & Balz (Hrsg.): Sportpädagogik. Ein Arbeitstextbuch.** 2008. 230 S. ISBN 978-3-88020-510-9.
Band 153 **Schwarz: (Neuro-)Kasuistische Sportlehrerbildung.** 2009. 336 S. ISBN 978-3-88020-516-1.
Band 154 **Langolf & Roth (Hrsg.): Volleyball international in Forschung und Lehre 2007.** 2009. 124 S. ISBN 978-3-88020-518-5.
Band 155 **Nagel & Lippens (Hrsg.): Gleichgewichts-Leistungen im Handlungsbezug.** 2009. 92 S. ISBN 978-3-88020-532-1.
Band 156 **Knörzer & Schley (Hrsg.): Neurowissenschaft bewegt.** 2010. 96 S. ISBN 978-3-88020-545-1.
Band 157 **Tietjens & Strauß (Hrsg.): Facetten sozialer Unterstützung.** 2011. 188 S. ISBN 978-3-88020-546-8.
Band 158 **Voigt, Richter & Jendrusch (Hrsg.): betreuen, fördern, fordern. Band 1.** 2010. 208 S. ISBN 978-3-88020-553-6.
Band 159 **Schröder & Färber (Hrsg.): Semgentales Stabilisierungstraining als Baustein einer evidenzbasierten Bewegungstherapie bei Rückenbeschwerden.** 2010. 112 S. ISBN 978-3-88020-558-1.
Band 160 **Langolf & Roth (Hrsg.): Volleyball international in Forschung und Lehre 2009.** 2010. 136 S. ISBN 978-3-88020-559-8.
Band 161 **Hofmann et al. (Hrsg.): Sport und soziale Integration.** 2012. 104 S. ISBN 978-3-88020-588-8.
Band 162 **Voigt & Jendrusch (Hrsg.): betreuen, fördern, fordern. Band 2.** 2013. 200 S. ISBN 978-3-88020-594-9.
Band 163 **Welsche, Seibel & Nikolai (Hrsg.): Sport und Soziale Arbeit in der Zivilgesellschaft.** 2013. 128 S. ISBN 978-3-88020-595-6.
Band 164 **Sygusch & Herrmann: PRimus – Psychosoziale Ressourcen im Kinder- und Jugendsport.** 2013. 212 S. ISBN 978-3-88020-599-4.
Band 165 **Thomas Köthe & Oliver Stoll (Eds.): Diving Research Worldwide. 1st Symposium for Researchers in Diving.** 2013. 108 S. ISBN 978-3-88020-603-8
Band 166 **Langolf & Roth (Hrsg.): Volleyball international in Forschung und Lehre 2010 bis 2012.** 2014. 144 S. ISBN 978-3-88020-607-6.
Band 167 **Langolf & Roth (Hrsg.): Volleyball international in Forschung und Lehre 2013 bis 2015.** 2016. 360 S. ISBN 978-3-88020-638-0.
Band 168 **Lippens & Nagel (Hrsg.): Zur Problematik der Gleichgewichts-Leistung im Handlungsbezug.** 2016. 124 S. ISBN 978-3-88020-639-7.
Band 169 **Langolf & Roth (Hrsg.): Volleyball international in Forschung und Lehre 2016.** 2017. 144 S. ISBN 978-3-88020-653-3.
Band 170 **Langolf & Roth (Hrsg.): Volleyball international in Forschung und Lehre 2017.** 2018. 100 S. ISBN 978-3-88020-665-6.
Band 171 **Langolf & Roth (Hrsg.): Volleyball international in Forschung und Lehre 2018.** 2019. 144 S. ISBN 978-3-88020-675-5.

Schriftenreihen

Schriften der Deutschen Vereinigung für Sportwissenschaft

Herausgeber: **Deutsche Vereinigung für Sportwissenschaft** ISSN 1430-2225 ISBN 978-3-88030-...

Die noch lieferbaren Bände 1 bis 192 der Schriftenreihe werden für dvs-Mitglieder durch die dvs-Geschäftsstelle, Postfach 73 02 29, D-22122 Hamburg, ausgeliefert. Nicht-dvs-Mitglieder bestellen bitte im Buchhandel oder direkt beim Czwalina Verlag, Postfach 73 02 40, D-22122 Hamburg, www.edition-czwalina.de.

Band 193 **Naul & Wick (Hrsg.): 20 Jahre dvs-Kommission Fußball – Herausforderung für den Fußballsport in Schule und Sportverein.** Beiträge und Analysen zum Fußballsport, 16. 2009. 224 S. ISBN ... 536-9.

Band 194 **Beckmann & Wastl (Hrsg.): Perspektiven für die Leichtathletik.** 2009. 136 S. ISBN ... 538-3.

Band 195 **Kolbert, Müller & Roscher (Hrsg.): Bewegung – Bildung – Gesundheit.** 2009. 120 S. ISBN ... 539-0.

Band 196 **Betz & Hottenrott (Hrsg.): Training und Gesundheit bei Kindern und Jugendlichen.** Gelebte Sportwissenschaft, 3. 2010. 256 S. ISBN ... 540-6.

Band 197 **Wank & Heger (Hrsg.): Biomechanik – Grundlagenforschung und Anwendung.** 2010. 280 S. ISBN ... 547-5.

Band 198 **Wiemeyer, Baca & Lames (Hrsg.): Sportinformatik – gestern, heute, morgen.** Gelebte Sportwissenschaft, 4. 2010. 192 S. ISBN ... 548-2.

Band 199 **Schmidt: Bewegungsmustererkennung anhand des Basketball-Freiwurfes.** Forum Sportwissenschaft, 19. 2010. 216 S. ISBN ... 549-9.

Band 200 **Frei & Körner (Hrsg.): Ungewissheit – Sportpädagogische Felder im Wandel.** 2010. 332 S. ISBN ... 550-5.

Band 201 **Amesberger, Finkenzeller & Würth (Hrsg.): Psychophysiologie im Sport.** 2010. 216 S. ISBN ... 551-2.

Band 202 **Krüger (Hrsg.): Johann Christoph Friedrich GutsMuths (1759-1839) und die philanthropische Bewegung in Deutschland.** 2010. 160 S. ISBN ... 552-9.

Band 203 **Mayer: Verletzungsmanagement im Spitzensport.** Forum Sportwissenschaft, 20. 2010. 432 S. ISBN ... 554-3.

Band 204 **Mattes & Wollesen (Hrsg.): Bewegung und Leistung – Sport, Gesundheit & Alter.** 2010. 168 S. ISBN ... 555-0.

Band 205 **Ziemainz & Pitsch (Hrsg.): Perspektiven des Raums im Sport.** 2010. 152 S. ISBN ... 556-7.

Band 206 **Höner, Schreiner & Schultz (Hrsg.): Aus- und Fortbildungskonzepte im Fußball.** 2010. 248 S. ISBN ... 557-4.

Band 207 **Voss (Hrsg.): Geschlecht im Bildungsgang - Orte formellen und informellen Lernens von Geschlecht im Sport.** 2011. 136 S. ISBN ... 560-4.

Band 208 **Sohnsmeyer: Virtuelles Spiel und realer Sport – Über Transferpotenziale digitaler Sportspiele am Beispiel von Tischtennis.** Forum Sportwissenschaft, 21. 2011. 248 S. ISBN ... 564-2

Band 209 **Niermann: Vom Wollen und Handeln. Selbststeuerung, sportliche Aktivität und gesundheitsrelevantes Verhalten.** Forum Sportwissenschaft, 22. 2011. 240 S. ISBN ... 565-9.

Band 210 **Ohlert & Kleinert (Hrsg.): SPORT VEREINT – Psychologie und Bewegung in Gesellschaft.** 2011. 200 S. ISBN ... 566-6.

Band 211 **Gröben, Kastrup & Müller (Hrsg.): Sportpädagogik als Erfahrungswissenschaft.** 2011. 400 S. ISBN ... 567-3.

Band 212 **Borkenhagen, Hafner, Heim & Neumann (Hrsg.): Kinder- und Jugendsport zwischen Gegenwarts- und Zukunftorientierung.** 2011. 92 S. ISBN ... 568-0.

Band 213 **Klenk: Ziel-Interessen-Divergenzen in freiwilligen Sportorganisationen.** Forum Sportwissenschaft, 23. 2011. 280 S. ISBN ... 569-7.

Band 214 **Hottenrott, Hoos & Esperer (Hrsg.): Herzfrequenzvariabilität: Gesundheitsförderung – Trainingssteuerung – Biofeedback.** 2011. 232 S. ISBN ... 570-3.

Band 215 **Hottenrott, Stoll & Wollny (Hrsg.): Kreativität – Innovation – Leistung.** 20. Sportwissenschaftlicher Hochschultag. 2011. 352 S. ISBN ... 571-0.

Band 216 **Menze-Sonneck & Heinen (Hrsg.): Aktuelle Themen der Turnentwicklung.** 2011. 92 S. ISBN ... 578-9.

Band 217 **Link & Wiemeyer (Hrsg.): Sportinformatik trifft Sporttechnologie.** 2011. 276 S. ISBN ... 579-6.

Band 218 **Bähr, Erhorn, Krieger & Wibowo (Hrsg.): Geschlecht und bewegungsbezogene Bildung(sforschung).** 2011. 140 S. ISBN ... 580-2.

Band 219 **Siebert & Blickhan (Hrsg.): Biomechanik – vom Muskelmodell bis zur angewandten Bewegungswissenschaft.** 2011. 320 S. ISBN ... 581-9.

Band 220 **Kuhn, Lange, Leffler & Liebl (Hrsg.): Kampfkunst und Kampfsport in Forschung und Lehre 2011.** 2011. 208 S. ISBN ... 582-6.

Band 221 **Wegner, Brückner & Kratzenstein (Hrsg.): Sportpsychologische Kompetenz und Verantwortung.** 2012. 160 S. ISBN ... 585-7.

Band 222 **Jansen, Baumgart, Hoppe & Freiwald (Hrsg.): Trainingswissenschaftliche, geschlechtsspezifische und medizinische Aspekte des Hochleistungsfußballs.** 2012. 244 S. ISBN ... 586-4.

Band 223 **Wastl & Killing (Hrsg.): Leichtathletik – Strukturen, Aufgaben, Qualifikationen.** 2012. 220 S. ISBN ... 587-1.

Band 224 **Eckert & Wagner (Hrsg.): Ressource Bewegung – Herausforderungen für Gesundheit- und Sportsystem sowie Wissenschaft.** 2012. 108 S. ISBN ... 590-1.

Band 225 **Kähler & Ziemainz (Hrsg.): Sporträume neu denken und entwickeln.** 2012. 280 S. ISBN ... 591-8.

Band 226 **Ziert: Stressphase Sportreferendariat?! Eine qualitative Studie zu Belastungen und ihrer Bewältigung.** Forum Sportwissenschaft, 24. 2012. 228 S. ISBN ... 593-2.

Band 227 **Happ & Zajonc (Hrsg.): Kampfkunst und Kampfsport in Lehre und Forschung 2012.** 2013. 276 S. ISBN ... 596-3.

Band 228 **Stoll, Lau & Moczall (Hrsg.): Angewandte Sportpsychologie.** 2013. 200 S. ISBN ... 597-0.

Band 229 **Demetriou: Health Promotion in Physical Education.** 2013. 212 S. ISBN ... 601-4.

Band 230 **Mess, Gruber & Woll (Hrsg.): Sportwissenschaft grenzenlos?!** 21. Sportwissenschaftlicher Hochschultag. 2013. 400 S. ISBN ... 602-1.

Band 231 **Pott-Klindworth & Pilz (Hrsg.): Turnen – Eine Bewegungskultur im Wandel.** 2013. 116 S. ISBN ... 604-5.

Band 232 **Ernst, Gawrisch, Kröger, Miethling & Oesterhelt (Hrsg.): Schul-Sport im Lebenslauf.** 2014. 208 S. ISBN ... 608-3.

Band 233 **Hottenrott, Gronwald & Schmidt (Hrsg.): Herzfrequenzvariabilität: Grundlagen – Methoden – Anwendungen.** 2014. 152 S. ISBN ... 609-0.

Band 234 **Frank, Nixdorf, Ehrlenspiel, Geipel, Mornell & Beckmann (Hrsg.): Performing Under Pressure.** 2014. 248 S. ISBN ... 610-6.

Band 235 **Milani, Maiwald & Oriwol (Hrsg.): Neue Ansätze in der Bewegungsforschung.** 2014. 176 S. ISBN ... 611-3.

Band 236 **Liebl & Kuhn (Hrsg.): Menschen im Zweikampf – Kampfkunst und Kampfsport in Forschung und Lehre 2013.** 2014. 260 S. ISBN ... 613-7.

Band 237 **Maurer, Döhring u. a. (Hrsg.): Trainingsbedingte Veränderungen – Messung, Modellierung und Evidenzsicherung.** 2014. 152 S., ISBN ... 614-4.

Band 238 **Hagemann u. a. (Hrsg.): Sport.Spiel.Trends: interdisziplinär, innovativ, international.** 2014. 100 S. ISBN ... 615-1.

Band 239 **Wäsche & Schmidt-Weichmann (Hrsg.): Stadt, Land, Sport: Urbane und touristische Sporträume.** 2014. 144 S. ISBN ... 616-8.

Band 240 **Lames, Kolbinger, Siegle & Link (Hrsg.): Fußball in Forschung und Lehre – Beiträge und Analysen zum Fußballsport XIX.** 2014. 244 S. ISBN ... 617-5.

Band 241 **Hermsdörfer, Stadler & Johannsen (Hrsg.): The Athlete's Brain: Neuronale Aspekte motorischer Kontrolle im Sport.** 2015. 192 S. ISBN ... 619-9

Band 242 **Heinen, Hennig & Jeraj (Hrsg.): Dimensionen des Bewegungslernens im Turnen.** 2015. 176 S. ISBN ... 620-5.

Band 243 **Wunsch et al. (Hrsg.): Stressregulation im Sport.** 2015. 200 S. ISBN ... 621-2.

Band 244 **Baca & Stöcke (Hrsg.): Sportinformatik X.** 2015. 152 S. ISBN ... 622-9.

Band 245 **Güldenpenning: Cognitive reference frames of complex movements.** 2015. 120 S. ISBN ... 623-6.

Band 246 Strobl: Entwicklung und Stabilisierung einer gesundheitsförderlichen körperlich-sportlich Aktivität. 2015. 204 S. ISBN ... 624-3.